Das Elsass

Ein Reiseführer mit über 200 Farbfotos und detaillierten Karten sowie einer großen Auswahl an Gastronomie-Tipps

Text: Marie-Christine Périllon
Fotos: Roger Rothan

Kraichgau Verlag GmbH

Inhaltsverzeichnis

Ein besonderes Stück Frankreich

Die kleinste Region Frankreichs, das Elsass, besitzt die höchste Bevölkerungsdichte: 209 Einwohner kommen hier auf einen Quadratkilometer, während es im übrigen Land - das insgesamt 1.734.000 Einwohner zählt - nur 108 Einwohner auf einen Quadratkilometer sind. Das ist bei weitem nicht die einzige Besonderheit dieser Region, die im übrigen zu einer sehr bewegten Geschichte beigetragen hat. Das Krankenversicherungssystem. Die Sprachwissenschaftler unterscheiden 25 Dialektzonen in den beiden Départements Bas-Rhin und Haut-Rhin. Man muss nur der Unterhaltung zwischen einem Einwohner aus Mülhausen und eines Straßburgers zuhören, um sich über die offenkundigen Unterschiede in Wortschatz und Aussprache klar zu werden. Diese Verschiedenheit zeigt sich auch in der Küche, wo die fleischnacke (Fleischrouladen) eher als oberrheinische (haut-rhinoise) Spezialität und die tartes flambées (Flammkuchen) eher als unterrheinische (bas-rhinoise) Spezialität angesehen werden.

Aus seiner bedeutungsvollen Geschichte hat sich das Elsass vielerlei Traditionen bewahrt. Die meisten großen Straßen, die sich durch das Land ziehen, wurden von den Römern gebaut, die nach den Kelten die ersten Besetzer der Region waren. Nur wenig ist aus dieser Epoche nach außen hin sichtbar; man kann es allerdings in den Museen von Straßburg oder Colmar noch intensiv studieren. Sämtliche Dörfer und Städte des Elsass sind dagegen noch heute durch das Mittelalter und die Renaissance gekennzeichnet, die das Stadtbild mit ihren pompösen Gebäuden, ihren Kirchen - einer Mischung aus Romanik und Gotik - und ihren Fachwerkhäusern geprägt haben. Unmöglich zu vergessen, dass das Elsass eine Wiege des Humanismus und der Buchdruckerkunst ist. Beides hat sich über den Rhein und seine Nebenflüsse in sämtliche Nachbarstaaten ausgebreitet. Das 15. Jahrhundert war auch das der protestantischen Reformation, die von großen Reformatoren wie Martin Bucer und Jean Calvin verbreitet wurde. Nach dem Westfälischen Frieden im Jahre 1648 kam das Elsass nach und nach zu Frankreich. Ab 1681 Straßburg, viel später dann auch Mülhausen (Mulhouse). Aus dieser Zeit stammt auch die Vielzahl öffentlicher Gebäude im französischen Stil, die nach und nach mit den Fachwerkhäusern rivalisierten. Der rote Sandstein der Natursteinhäuser vermischte sich mit dem dunklen Holz der Häuser aus weißem oder farbig gestrichenem Lehm und führte so zu einer neuen Harmonie, die die bisher existierende durchaus nicht in den Schatten stellte. Als eine Region der Kontraste hat das Elsass neue Ideen immer zu integrieren gewusst und sie auf seine Art und Weise an die Umgebung angepasst. So findet man oft, dass die deutschen Erker oder geschlossenen Balkone von in Kunstschmiedearbeit erstellten,

französischen Balkonen überboten werden.
Im gesamten Elsass ist diese Synthese zu finden, die von der Architektur über die Kunst bis hin zur Küche den Geist der Region bestimmt. Das Straßburger Münster, das Unterlinden-Museum in Colmar und die Hoh-Königsburg, gegenwärtig gefolgt von dem Freilichtmuseum in Ungersheim und dem Nationalen Automuseum in Mülhausen gehören zu den meistbesuchten Sehenswürdigkeiten in Frankreich. Ob sie nun Straße der romanische Kirchen oder Burgen, Vogesenkammstraße oder Sundgaustraße, Karpfenstraße, Tabakstraße, Sauerkrautstraße oder Weinstraße heißt - all diese Routen bieten eine Fülle von Informationen. Zu den traditionsreichen Sehenswürdigkeiten kommen die industriellen noch hinzu wie die Kraftwerke entlang des Rheins, die Brauereien, Lebensmittel-, Textil- und Automobilfabriken oder auch die alten Silber- und Kalibergwerke, die von dem Wirtschaftsreichtum der Region zeugen. Am symbolträchtigsten ist wohl der Besuch des Europarates. Dieses Organ wurde im Jahre 1949 mit 10 Mitgliedsländern gegründet und hat heute 44 Mitgliedsstaaten. Das Europaparlament, das im Jahre 1958 nach Unterzeichnung der Römischen Verträge gegründet wurde, hat derzeit 626 Abgeordnete, die 370 Millionen Einwohner repräsentieren. Im Europaviertel in Straßburg stehen diese beiden Institutionen einander gegenüber und sind die Garanten für ein demokratischeres und vereinteres Europa.

Der Storch - Wappenvogel des Elsass - muss das Aussterben seiner Spezies in der Region nicht mehr fürchten. In mehreren Aufzuchtstationen im Elsass wird der

Schutz dieses Vogels überwacht.

Geschichtliche Daten

Ab dem 12. Jahrhundert v. Chr. wird das Elsass von den Kelten bewohnt.

-58 v. Chr.:	Julius Cäsar schlägt Ariovist in der Region von Mülhausen (Mulhouse). Dadurch wird das Land in das römische Reich eingegliedert.
-12 v. Chr.:	Gründung des Militärlagers Argentoratum, später Straßburg
gegen 70:	Gründung der beiden germanischen Provinzen Köln und Mainz, wozu das Elsass gehört
451:	Invasion von Attila. Die Alemannen besetzen das Elsass.
496:	Sieg von Chlodwig über die Alemannen in Zülpich; die Franken lassen sich in einem Teil des Elsass nieder.
640 - 740:	Das Elsass ist ein Herzogtum. Gründung von Klostern unter den Etichonen.
842:	Die Straßburger Eide, die die Erben von Karl dem Großen, Ludwig, dem Deutschen und Karl dem Kahlen gegen ihren Bruder Lothar vereinen.
870	Vertrag von Meersen, der das Elsass Ludwig dem Deutschen zuteilt
1049 - 1054:	Bruno von Eguisheim wird unter dem Namen Leo IX. Papst.

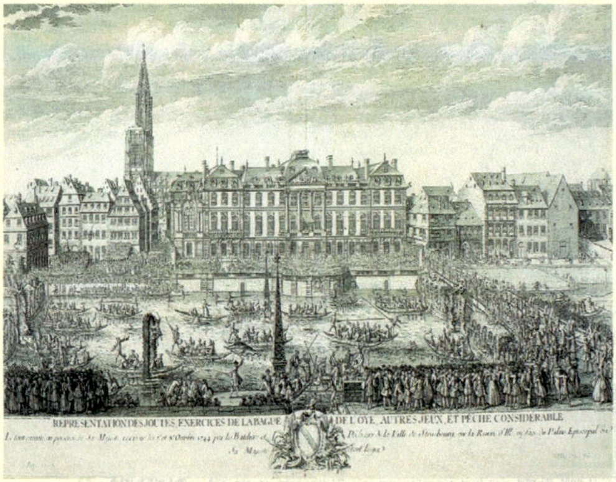

Darstellung der Feierlichkeiten, die in der Stadt Straßburg zu Ehren des Besuchs von Ludwig XV. (1744) stattfanden.

1273:	Rudolf von Habsburg wird Kaiser. Das ist der Beginn des österreichischen Elsass, das bis in das Jahr 1648 andauert
1354:	Gründung der Dekapolis, des Bundes von zehn freien Reichsstädten (Zehnstädtebund)
1434 - 1444:	Gutenberg in Straßburg
1469 - 1474:	Annektierungsversuch des Elsass durch Burgund
1525:	Bauernkrieg
1555:	Im Augsburger Religionsfrieden werden die Grenzen zwischen katholischer und protestantischer Herrschaft festgelegt

1618-1648:	Der Dreißigjährige Krieg wütet
1648:	Westfälischer Friede: die französischen Truppen lassen sich im Elsass nieder
1675:	Sieg von Turenne (Henri de la Tour d'Auvergne) über die deutschen Kaisertruppen vor Türckheim
1681:	Annektierung von Straßburg, das zur "freien Königsstadt" wird.
1744:	Große Feierlichkeiten zu Ehren des Besuchs von Ludwig XV. in Straßburg.

Portrait von Leo IX.

1798:	Mülhausen (Mulhouse) kommt nach einer Abstimmung des Bürgertums wieder zu Frankreich
1815:	Durch den Wiener Kongreß verliert das Elsass Landau und seine Nordgrenze wird wieder bis zur Lauter zurückgeführt
1870:	Deutsch-Französischer Krieg. Schlacht von Weißenburg (Wissembourg) und Froeschwiller. Belagerung von Straßburg
1871:	Durch den Frankfurter Frieden wird das Elsass zum Reichsland.
1911:	Einrichtung einer Verfassung für Elsass-Lothringen und Wahl des Landtags
1915:	Schlacht von Hartmannsweilerkopf (Vieil Armand) und Linge
Nov. 1918:	Rückkehr zu Frankreich
1925-1935:	Bau der Maginot-Linie
Sept. 1939:	Beginn des 2. Weltkrieges und Evakuierung eines Drittels der Bevölkerung in den Südwesten Frankreichs
25. Aug. 1942:	Zwangseintritt von 130000 Elsässern und Moselbewohnern in die deutsche Wehrmacht
Nov. 1944 - März 1945:	Befreiung des Elsass durch die französischen Truppen
1949:	Gründung des Europarats in Straßburg
1973:	Errichtung des ersten elsässischen Regionalrats (Conseil Régional)
1979:	Wahl des ersten Europäischen Parlaments in Straßburg
1992:	Mit 65% liegt das Elsass an der Spitze der französischen Regionen, die den Maastrichter Verträgen zustimmen.

1 Wissembourg (Weißenburg)

Nahe der deutschen Grenze gelegen hat sich Wissembourg (Weißenburg) ein sehr reiches kulturelles Erbe bewahrt. Der Ursprung der Stadt geht auf den Bau eines Klosters durch König Dagobert im 6. Jahrhundert am Ufer der Lauter zurück. Später wurde es zur Benediktiner-Abtei, von der lediglich noch die Stiftskirche St. Peter und Paul übrig geblieben ist - nach dem Straßburger Münster das größte gotische Bauwerk im Elsass. Ihr vierkantiger Glockenturm aus romanischer Zeit (1075) stellt den ältesten Teil der Kirche dar, der im

Luftaufnahme Wissembourgs, in dem es noch heute mehr als 70 Häuser aus der Zeit vor 1700 gibt

Information

Fremdenverkehrsbüro von Weißenburg und seiner Region *9, place de la République - B.P. 120 Tel.: 0388941011 - Fax: 0388941882*
Museum Westercamp *· 3, rue du Musée - Tel.: 0388542814 - geöffnet vom 1.02. bis 31.12., Montag, Mittwoch, Donnerstag von 14 bis 18 Uhr, Freitag und Samstag von 9 bis 12 Uhr und von 14 bis 18 Uhr*
Sonntag von 10 bis 12 Uhr und 14 bis 18 Uhr

Die Stiftskirche Saint Pierre et Paul - nach dem Straßburger Münster die größte gotische Kirche im Elsass

Der Christuskopf aus der Abteikirche von Wissembourg, das älteste erhaltene Zeugnis abendländischer Glasmalerei im Elsass (11. Jh.), das sich im Musée de l'Oeuvre Notre-Dame (Fraunhaus-Museum) in Straßburg befindet.

13. Jahrhundert vollständig erneuert wurde. Hier bildet die Kunst vom Rhein und der Champagne auf harmonische Art und Weise eine Einheit. Auf ihrer Südseite die Hauptfassade mit der großen Rosette und dem Vorhof mit den drei Pfeilern. An der Nordseite befindet sich ein Kloster mit dreibögigen Arkaden aus dem 14. Jahrhundert. Von hier aus führt ein Tor zu der romanischen Kapelle mit den sechs Säulen, die mit Würfelkapitellen aus der Römerzeit versehen sind. Im Kircheninnern treffen wir auf 5 Kirchenschiffe, bemerkenswerte Glasgemälde und auf ein 11 m hohes Fresko des Heiligen Christopherus, der größten Freskomalerei in Frankreich, die eine Person darstellt.

In der Nähe der Kirche befindet sich die Unterpräfektur im früheren Dekanat aus dem 18. Jahrhundert. Nicht weit von hier entfernt war das frühere Spital - heute ein Altersheim - die Residenz des Königs von Polen im Exil, Stanislaus Leszczynski, dessen Tochter Maria im Jahre 1725 die Ehefrau des Königs Ludwig XV. wurde. Eines der spektakulärsten Gebäude von

Das Salzhaus (Maison du Sel) aus dem 15. Jh. erstaunt durch sein hochgiebeliges Dach.

Wissembourg erstaunt durch sein hochgiebeliges Dach und die in mehreren Reihen übereinanderliegenden Dachgauben: es handelt sich um das maison du Sel (1448) (Salzhaus), das zunächst als Hospital errichtet wurde, dann als Salzspeicher und Schlachthaus diente.
Am Ufer der Lauter unter den wunderschönen Häusern am Quai Anselmann befindet sich "L'Ancienne Couronne" (das Haus zur Krone) aus dem Jahre 1491. An der Place de la République erhebt sich das stattliche Hôtel de Ville (Rathaus) aus rotem Vogesensandstein des 18. Jh. Über dem Uhrenziffernblatt lautet eine Inschrift in lateinischer Sprache: "Unter der Herrschaft von Ludwig XV. bin ich aus meiner

In diesem Haus aus dem Jahre1550 wurde der Film "L'Ami Fritz" nach einem Roman von Erckmann-Chatrian gedreht.

Asche wiederauferstanden", die damit auf das Feuer anspielt, durch das alte Rathaus im Jahre 1677 verwüstet wurde. Auch ein Spaziergang vorbei an der Kirche St. Johannis, in der Martin Bucer die Reformation gepredigt hat, lohnt sich. Man erreicht dann das Musée Westercamp (Museum Westercamp) mit historischen Möbeln, Volkstrachten und Bildern. Von dort aus gelangt man wieder zur Stadtmauer und zum Quartier du Bruch (Bruchviertel), das sich seit dem 18. Jh. malerisch in die Mauern einfügt. Das erste Haus mit hervorstehendem Erker in der Nähe des Quai de Bitche diente im Jahre 1932 als Kulisse für die Verfilmung des Romans "L'Ami Fritz" von Erckmann-Chatrian.

Romantischer Blick auf das Bruchviertel (Quartier du Bruch), gesäumt von pittoresken Häusern. Im Hintergrund der Kirchturm der Stiftskirche Saints Pierre et Paul.

2 Lembach, Maginot-Linie, Burg Fleckenstein

In Lembach kann man einer Route folgen, auf der die Schätze dieser Stadt entdeckt werden können. Die protestantische Kirche aus dem 14. Jh. besitzt eine wunderschöne Kanzel aus dem 18. Jh., die mit dem Baum des Guten und des Bösen verziert ist. Auf der Straße nach Woerth gelangt man nach ca. 1 km zum ouvrage du Four à Chaux (Bunkerfestung Kalkofen) (25 m tief). Dieses Fort ist eines der wichtigsten an der Maginot-Linie und wurde zwischen 1930 und 1936 erbaut. Es erstreckt sich unterirdisch über eine Länge von 4 km und um-

Überreste der Maginot-Linie: Bunkerfestung Four à Chaux (Kalkofen.)

Zu besichtigen: ein 4 km langes, unterirdisches Netzwerk mit 6 Kampfblocks

Information

Fremdenverkehrsbüro Lembach und Umgebung
26, rue de Bitche · Tel.: 0388944316 · Fax: 0388942004
Bunkerfestung Kalkofen - Maginot-Linie *· Tel.: 0388944862*
Burg Fleckenstein
Für die Stadt und die beiden Sehenswürdigkeiten gibt es das ganze Jahr über Gruppenführungen, die vom Fremdenverkehrsbüro ausgehen.

Die Burg Fleckenstein nahe der deutschen Grenze steht auf einem über 20 m hohen Felsen. Ihre rote Sandsteinsilhouette hebt sich imposant vor den riesigen Tannenwäldern ab.

fasst 6 Kampfblocks, eine Kraftstation, einen artesischen Brunnen, Geschütztürme etc. In einem kleinen Museum werden Waffen, Uniformen, Ausrüstungsgegenstände und Dokumente gezeigt, die die Geschichte des Forts illustrieren. Die Festung wurde im Juni 1940 von deutschen Sturzkampfbombern ("Stukas") heftig bombardiert, konnte jedoch nicht bezwungen werden. Sie wurde restauriert und kann seit dem Jahre 1983 besichtigt werden.

Über dem Tal der Haute Sauer erhebt sich die Burg Fleckenstein als die eindrucksvollste Ruine in den Nordvogesen. Diese im 12. Jh. auf einem 43 m hohen Felsen von Kaiser Friedrich Barbarossa für seinen Lehnsmann Gottfriel de Fleckenstein erbaute Festung galt als uneinnehmbar. Von der von Monclar im Jahre 1680 geschleiften Burg sind noch ein gut erhaltenes Haupttor, in den gewachsenen Buntsandstein gehauene Räume (in einem davon ein Museum), ein Wachtturm, eine außergewöhnliche Treppe, die teilweise im Freien nach oben führt, sowie auf der oberen Plattform die Überreste der Lehnsherrn-Unterkünfte des 18. Jh. erhalten. In unmittelbarer Nähe auf einem isoliert stehenden Felsen führt eine Wendeltreppen mit 48 Stufen auf eine Plattform, die einen hervorragenden Rundblick über die Burg und die unmittelbare Umgebung bietet.

Niederbronn-Les-Bains (Bad Niederbronn)

Wie der Name schon sagt, handelt es sich hier um ein Thermalbad, das auf die Römer zurückgeht, die sich seine heilenden Kräfte seit dem Jahr 48 v. Chr. zunutze machten. Die source romaine (Römerquelle; 18 °C)

Eine Thermalquelle aus der Römerzeit

Fremdenverkehrsbüro
6, place de l'Hôtel de Ville - Tel.: 0388808970 · Fax: 0388803701
E-mail:office@niederbronn.com · www.niederbronn.com
Archäologisches Museum der nördlichen Vogesen
44, avenue Foch - Tel.: 0388803637

Die einzige Spielbank im Elsass

entspringt im Herzen der Stadt unter einem Pavillon vor der Spielbank. Sie wird bei Arthrose und Rheuma empfohlen. Die leicht mineralisierte source celtique (Keltenquelle) dient als Tafelwasser. Sie ist seit dem Jahre 1989 im Handel und die Flaschenabfüllanlage kann man besichtigen. Man kann sie jedoch auch direkt aus der Quelle am Ortseingang kosten. Es war die in der Region bekannte Industriellen-0familie Dietrich, die zum Ausbau der Thermalquellen im 18. Jh. beigetragen hat. Heute ist Niederbronn die einzige Stadt im Elsass, die noch eine Spielbank besitzt. Dieses Thermalbad im Naturpark der nördlichen Vogesen ist auch ein ausgezeichneter Ausgangspunkt für zahlreiche Fußwanderungen, insbesondere in Richtung der Burgenstraße. In unmittelbarer Nähe liegt der Winterberg, der mit 586 m ü.d.M. die höchste Erhebung der Nordvogesen ist. Auf dem Gipfel steht ein vom Vogesenverein im Jahr 1890 errichteter Aussichtsturm, der ein herrliches Panorama bietet. Nicht verpassen darf man das

Ansicht vom Park und der Spielbank - ein Ort, an dem man sich in Ruhe erholen kann

Die Keltenquelle, genannt Lichteneck, dient als Tafelwasser.

Die Römerquelle entspringt im Herzen der Stadt.

Maison de L'Archéologie des Vosges du Nord. In diesem archeologischen Museum sind Ausgrabungsfunde der Römerzeit zu sehen. Ein ganzer Bereich ist der Burgengeschichte gewidmet. Am Ortsausgang von Niederbronn liegt auf einem Osthügel ein deutscher Soldatenfriedhof aus den Jahren 1939/1945. Über 15 000 deutsche Soldatengräber befinden sich hier.

4 Die Burgen in den nördlichen Vogesen

Falkenstein

Die im 12. Jh. erbaute Burg Falkenstein oder rocher des Faucon wurde im 17. Jh. durch einen Brand zerstört, anschließend wieder aufgebaut und im Dreißigjährigen Krieg erneut beschädigt, bevor sie dann im Jahre 1680 geschleift wurde. Die in den Fels gehauenen Räume, zwei Tore und der Überrest eines Turms existieren noch. Die Sage will es, dass manchmal um Mitternacht von einem Küfer so viele Schläge zu hören sind, wie es Fässer Wein in dem betreffenden Jahr geben wird. Am anderen Ende des Hügels sind die Überreste der Burg Helfenstein zu sehen.

Die Burgenstraße ist Teil malerischer Routen durch den Norden des Elsass.

Windstein

Die beiden Windstein-Burgen, die in einem Abstand von 500 m zueinander stehen, wurden im Jahr 1676 von Monclar, dem General Ludwig XIV. zerstört, der sich auf das Schleifen von Burgen spezialisiert zu haben schien. Es sind nur noch einige Überreste der Alten Burg Windstein erhalten, die am Ende des 12. Jh. in 350 m ü.d.M. auf einem Sandsteinfelsen erbaut wurde. In 15 Minuten Fußweg erreichen wir die Neue Burg Windstein, die aus dem Jahre 1340 stammt. Bei ihr sind noch wunderschöne Spitzbogenfenster im gotischen Stil sowie ein Teil ihres Festungswerks erhalten.

Die Burg Windstein ragt kerzengerade aus den Wäldern empor.

Wasigenstein

Inmitten des Schlossbergs in wundervoller Landschaft ragen ganz unverhofft riesige Rotsandsteinfelsen hervor, auf denen zwei Burgen aus dem 13. Jh. sichtbar werden: im Osten die ältere und größere Burg, die Große Burg Wasigenstein, und im Westen die Kleine Burg Wasigenstein. Es geht die Legende, dass lange vor dieser Zeit die Felsen Zeugen eines Kampfes zwischen Walter, dem Sohn des Königs der Westgoten, und Gunther, König der Burgunder, waren. Sie stritten sich um die Schätze Attilas - ein Kampf, der in dem Heldengedicht aus dem 9. und 10. Jh., das Teil der Nibelungensage ist, erzählt wird. Von den beiden Burgen existieren noch Gewölbekammern mit Spitzbogenfenstern, in den Fels gehauene Treppen sowie die Zisterne, die über zahlreiche Leitungen versorgt wurde.

Diese Burg zeugt von der Nibelungensage.

Wasenburg

Erbaut im 13. Jh. von dem Straßburger Bischof Jean de Lichtenberg, wurde die Burg im 17. Jh. von den Truppen Ludwig XIV. zerstört. Eine Tafel erinnert daran, dass der junge Goethe im Jahre 1771 diesen Ort besucht hat. Wir können noch die Überreste eines prachtvollen Lehnsherrensitzes mit neun wunderschönen, rosettenverzierten Spitzbogenfenstern bewundern.

Auch Goethe hat diesen wunderschönen Herrschaftssitz bewundert.

5 Lichtenberg

Die Burg Lichtenberg ist eine der 35 Burgruinen im Naturpark der Nordvogesen, der sich zwischen Unterrhein und Mosel über eine Länge von 1220 km² erstreckt. Er wurde im Jahre 1975 gegründet, zählt 108 Gemeinden und stellt seit dem Jahre 1998 das erste grenzübergreifende Naturschutzgebiet in Europa dar, das von der UNESCO anerkannt ist. Weithin sichtbar erhebt sich auf einem imposanten Felsen die Burg Lichtenberg. Der Name stammt daher, dass man einst beim Herannahen eines Gewitters an der Fahne des Hauptturms und an den Hellebarden der Wachen

Trödelmarkt auf der Hauptstraße im Ort.

Burg Lichtenberg
Tel.: 0388899872 (Führungen das ganze Jahr über auf Anfrage)

Feuerfunken gesehen hat. Diese Festung, Lehngut der mächtigen Lichtenberg-Dynastie, deren Namen drei Straßburger Bischöfe getragen haben, wurde Anfang des 13. Jh. erbaut. Die bis heute verbliebenen Überreste stammen im wesentlichen aus ihrer Wiederinstandsetzung, die im Jahr 1680 von Vauban durchgeführt wurde. Der Hauptturm und die beiden Nebentürme sind aus dem 13. Jh., während der Lehnsherrnsitz und ein Brunnen bis auf die Renaissance zurückgehen. Ebenfalls noch zu sehen sind ein wunderschönes Haupttor und die gothische Kapelle, in der die Lichtenbergs zur letzten Ruhe gebettet wurden.

Die Burg Lichtenberg dient bei zahlreichen Theateraufführungen als Rahmen vor exzellenter Kulisse.

6 Neuwiller - Les-Saverne (Neuweiler)

Die Überführung der Reliquien des Hl. Adelphus, eines Bischofs von Metz, machten die Abtei, die im 8. Jh. von den Benediktinern gegründet worden war, berühmt, denn sie wurde dadurch zu einem Wallfahrtsort. Auf dem Hauptplatz erhebt sich die Kirche St. Peter und Paul (Saint Pierre et Saint Paul) mit der Fassade und ihren zwei Türmen aus dem 18. Jh., wie viele andere schöne Domstifte in der Umgebung. Die gesamte Kirche geht jedoch bis auf das 12. und 13. Jh., die ehemalige Klosterkapelle (eine Doppelkapelle) sogar bis auf das 11. Jh. zurück. Die untere Kapelle, die der heiligen Katharina geweiht ist, trägt karolingische Züge und hat die Form einer Krypta, während die obere, dem heiligen Sebastian geweihte Kapelle wunderschöne Kapitelle aufweist sowie vier Gobelins, die das Leben des Heiligen Adelphus schildern und in den Werkstätten der Abtei im 15. Jh. hergestellt wurden. Von der ehemaligen Abtei existiert nur noch der Stiftssaal aus dem 14. Jh.

Was die ehemalige Adelphikirche (collégiale St. Adelphe) in gotischem Baustil betrifft, die für die Reliquien des Heiligen Adelphus und die Pilger gebaut worden war, so war sie eine der ersten Kirchen des Elsass, die sich Katholiken und Protestanten nach der Reformation teilten. Heute wird sie nur noch von den Protestanten genutzt.

Ein sehr schöner Platz mit Bauwerken aus dem 18. Jh., auf dem sich auch die Kirche St. Peter und Paul erhebt. In ihr können die bemerkenswerten Wandteppiche besichtigt werden, die das Leben des Hl. Adelphus schildern.

Information

Abtei St. Peter und Paul -Stiftshof
Tel.: 0388700051 (Pfarrhaus)

7 La Petite-Pierre (Lützelstein)

Ein kleines Paradies für weite Wanderer wie Feinschmecker. Nicht zu vergessen das Traditionelle wie die Museen (Elsässisches Siegelmuseum, Museum der Künste und Volkstraditionen, das sich fast ausschließlich den "Springerle" genannten Backmodeln bzw. deren Abdrücken widmet) und den Zeitgeist (unbedingt sehenswert das erstaunliche Modehaus Cléone und seine Präsentation, die jeder Operndekoration den Rang abläuft). Der Besuch von Petite-Pierre kann mit dem Schloss beginnen, deren erster Besitzer, Walter de Parva Petra, der Ortschaft seit dem Jahre 1180 seinen Namen gab. Auf Elsässisch heißt es "Lützelstein". Die mittelalterliche Festung wurde im 16. Jh. erheblich umgebaut und dann von Vauban befestigt. Direkt am Eingang führt

Luftaufnahme von Petite-Pierre und seinem Schloss.

Fremdenverkehrsbüro für die Region von Petite-Pierre
Maison du Frasey B.P.11 - Tel.: 0388704230 - Fax: 0388704180
Elsässisches Siegelmuseum
Rue du château - Chapelle St. Louis - Tel.: 0388704865 und 0388301164
Schloss von Petite-Pierre
Maison du Parc Naturel des Vosges du Nord - Tel.: 0388014959
***Modehaus Cléone** 3, Rue Principale - Geöffnet Montag bis Freitag von 14 bis 19 Uhr an den Wochenenden von 14 bis 18 Uhr - Tel.: 0388014989*

Schlossansicht von der Stadtmauer aus gesehen: hier befindet sich heute das Informationszentrum des Naturparks der nördlichen Vogesen.

ein langer Gang, der im Jahre 1831 gebaut wurde, zu den Hauptgebäuden. Anschließend kann man über den Hof die Artillerieplattform und das Pulvermagazin erreichen, die auf dem Fundament eines alten Turms erbaut sind. Links vom Burgtor gelangt man über eine Treppe durch die Ummauerung zu einem Fußpfade, auf dem man die in den Felsen geschlagene Zisterne erreicht. Das Schloss beherbergt heute das Informationszentrum des Parc Naturel Régional des Vosges du Nord in sechs Räumen.

Die Kirche von Petite-Pierre dient Protestanten und Katholiken gleichzeitig. Sie besitzt wunderschöne Wandmalereien aus den Anfängen des 15. Jh. und beherbergt die Gräber mehrerer Kurfürsten aus der Pfalz. Im Garten des Bürgermeisteramtes befindet sich das sogenannte Heidenhaus (Maison dite des Païens), ein Renaissancegebäude, das auf dem Fundament eines ehemaligen römischen Wachtturms erbaut wurde.

Sehenswert sind auch die in eine Sandsteinfelswand gebauten Häuser in Graufthal.

In Graufthal: drei in eine 70 m hohe Felswand gebaute Wohnungen, die bis in die fünfziger Jahre hinein bewohnt waren.

8 Sarre-Union (Saar-Union)

Sarre-Union ist das Tor zum Naturpark der Nordvogesen und auch die Hauptstadt des Teils des Elsass, der wie eine Hakennase geformt ist und eine Enklave innerhalb von Lothringen darstellt. Dieser Landesteil

Einer der architektonischen Schätze

wurde im Jahre 1789 als einer der letzten wieder an Frankreich angeschlossen.

Sarre-Union ist das Ergebnis der Fusion zweier Städte: der Altstadt von Bouquenom und Neu Sarrewerden oder Ville Neuve (Neustadt) im Jahr 1794, die durch die Saar getrennt sind. In der Altstadt gibt es eine Kirche aus dem 15. und 16. Jh., deren Portal mit einem Reiterstandbild des Heiligen Georg verziert ist. Im Innern sind Täfelungen aus dem 18. Jh. zu sehen. Das Rathaus (L'Hôtel de Ville) stammt aus derselben Epoche ebenso wie viele Häuser. Sehenswert sind auch der Dekor Ludwig XV. an der Kapelle der ehemaligen Jesuitenschule. Auf dem Platz ist der restau-

Bewacht von zwei Ziegenböcken.

rierte Brunnen mit zwei Sandstein-Ziegenböcken aus dem 16. Jh. verziert. Die Neustadt stammt aus dem 18. Jh., wie die beiden Kirchen - eine lutherische und eine calvinistische - sowie wunderschöne Wohnhäuser bezeugen.

Information

Regionalmuseum Alsace Bossue ("Krummes Elsass")
Altes Jesuitenkolleg - Tel.: 0388022808 oder 0388011474 (Bürgermeisteramt)

Saint-Louis-Arzviller

Das Schiffshebewerk von Arzviller ist in seiner Art einzigartig in Europa. Es handelt sich dabei um eine Art Schiffsaufzug, mit dem die auf dem Rhein-Marne-Kanal fahrenden Schiffe um 44,4 m gehoben bzw. gesenkt werden. Vor dem Bau dieses Hebewerks musste der Niveauunterschied über 17 Schleusen überwunden werden, was die Schleppkähne jeweils einen ganzen Tag kostete. Der Trog, der sich mittels einer Gegengewichtanlage quer über die Schienen einer Betonrampe bewegt, befördert die Frachtkähne innerhalb von 20 Minuten den Hang hinauf bzw. hinunter. Man kann auch an Ausflugsrundfahrten teilnehmen, die 90 Minuten dauern. Darin eingeschlossen sind eine Besichtigung des Schiffshebewerks und eine Fahrt auf dem Kanal.

Ein Blick auf den Schiffsaufzug

Fremdenverkehrsbüro
Schiffshebewerk - 57820 Saint Louis - Tel.: 0387253069
Fax: 0387254182 · E-Mail: asso@plan-incliné.com.fr.

Gesamtansicht des Schiffshebewerks aus der Luft. Es handelt sich dabei um das einzige Schiffshebewerk in Europa mit Schrägaufzug.

10 Saverne (Zabern) und das Schloss Haut-Barr

Der Ort mit der Steige gleichen Namens (Col de Saverne), die 385 m hoch ist, hieß ursprünglich "Tres Tabernae" - Drei Tavernen. Als im 13. Jh. der von dem Bürgertum besiegte Bischof von Straßburg seine Macht verliert, läßt er sich in Saverne nieder, das zur Bischofsstadt wird. Das heutige Schloß Rohan, Kleinod der Stadt, wurde auf Veranlassung des Kardinals Louis René de Rohan von Salins de Montfort erbaut. Louis René de Rohan war in die berühmte "Halsbandaffaire" verwickelt, die dazu beitrug, dass Marie-Antoinette während der französischen Revolution schließlich auf dem Schafott landete. Eine Anspielung auf dieses geschichtliche Ereignis: der ehemalige Cagliostro-Turm, der zu der ältesten Stadtmauer gehört. Im Laufe des 19. Jh. wurde die verkehrsgünstige Lage der Stadt durch den Bau des Rhein-Marne-Kanals noch erhöht. Heute lassen sich in dem Hafen gegenüber dem Schloss auf einem Kanalbecken viele Ausflugsschiffe beobachten.

Ausflugsfahrten vor dem Château des Rohan, in dem sich die Museen der Stadt befinden.

Information

Fremdenverkehrsbüro Saverne
Zone piétonne - 37, Grand Rue Tel.: 0388918047 - Fax: 0388710290
Museen der Stadt Sauverne - Château des Rohan
Tel. 0388910628

Mitten im Stadtzentrum eine der von Touristen stark frequentierten Schleusen auf dem Rhein-Marne-Kanal.

Es sind mehr als 7000 jedes Jahr, die hier Halt machen.

Für den Fußgänger beginnt die Besichtigung der Altstadt von Saverne mit dem Château des Rohan, dessen südliche Fassade zum place du Général-de-Gaulle hin zeigt, während die Nordseite dem Park zugewandt ist, der auf das Kanalbecken zuläuft. Jeden Abend wird dieser stattliche Sandsteinbau, in dem auch mehrere Museen untergebracht sind, angeleuchtet, was ihn auf diese Weise noch majestätischer erscheinen läßt. Im Schlosskeller befindet sich das Archäologisches Museum, im Erdgeschoss das Historische Museum sowie das

Eine sehr belebte Fußgängerzone mit malerischen Häusern.

Das Schloss Haut-Barr über Saverne wurde im Jahre 1170 gebaut und im Jahr

Museum Louise Weiss, das der überzeugten Europäerin - Alterspräsidentin des ersten Europaparlaments im Jahr 1979 - gewidmet wurde. Dieses Museum ist ein wahrer Fundort der politischen und ideologischen Geschichte des 20. Jh. mit seinen Bereichen Film, Video und Dokumentation. Der linke Schlossflügel beherbergt eine Jugendherberge und eine Grundschule. Auf der gegenüberliegenden Seite befindet sich seit dem Jahr 1995 der Rohan-Saal mit 500 Sitzplätzen, in dem jedes Jahr über 40 Veranstaltungen stattfinden. Von der anderen Seite des place du Général-de-Gaulle her

1583 restauriert. Gruppenführungen finden das ganze Jahr über statt.

erreicht man über die rue Poincaré den einstigen Rekollektenkonvent und dessen gotisches Kloster aus dem 14. Jh. Westlich von dem Schloss befindet sich der einstige Oberhof oder das Alte Schloss, in dem heute die Unterpräfektur untergebracht ist. Eine weitere interessante Kirche: die Kirche Notre-Dame de la Nativité aus dem 15. Jh., deren blumenverzierte Kirchendecke vor kurzem restauriert wurde. Diese Pfarrkirche ist ein regelrechtes Museum mit ihrer Kanzel aus dem Jahre 1497, die der des Straßburger Münsters von Hans Hammer nachgeahmt wurde, und ihrer Empore aus dem Jahre 1482,

die im 18. Jh. versetzt worden ist, um am Kircheneingang als Standort für die Orgel zu dienen. Wieder zurück auf der Grand Rue (Fußgängerzone) erregen einige schöne alte Häuser unsere Aufmerksamkeit. Da sind zunächst das Hôtel de Ville (Rathaus) und das Maison Katz (Haus Katz) - beide im Renaissancestil.
Bevor man Saverne verlässt, darf man auf keinen Fall versäumen, den Rosengarten (roseraie) zu besuchen. Er liegt fünf Minuten vom Zentrum entfernt an der Straße nach Paris. Die Anlage besitzt die größte Blumenvielfalt im Osten Frankreichs mit 8.500 Rosen und über 500 verschiedenen Rosenarten. Danach kann man noch dem an der Zaberner Steige (col de Saverne) gelegenen Botanischen Garten (jardin botanique) und dem Saut de Prince Charles einen Besuch abstatten.

An Wanderwegen, die in Saverne ihren Anfang nehmen, fehlt es hier nicht, denn 200 km durch Berge und Wälder wurden von dem Club Vosgien (Vogesenverein) angelegt. Vor allem ist dabei zu besichtigen: das château du Haut-Barr (Schloss Haut-Barr), das im 12. Jh. vom Straßburger Bischof Rudolf von Rottweil erbaut wurde. Es steht auf drei 30 m hohen Felsen, von denen zwei über eine schmale Brücke, genannt Teufelsbrücke (pont du diable), miteinander verbunden sind.

Luftaufnahme von dem Schloss Haut-Barr und seinem Restaurant.

Taverne Katz *80, Grand Rue Tel.: 0388711656 und auch die Villa Katz an der Zaberner Steige (col de Saverne) mit Hotelzimmern Tel.: 0388710202*
Clos de la Garenne *88, route du Haut-Barr Tel.: 0388712041*
Château du Haut-Barr
Tel.: 0388911761

11 Dabo (Dagsburg)

Schon von Hoube (625 m ü.d.M.) aus ist die beeindruckende Silhouette des Rocher du Dabo (Dabo-Felsen) zu sehen. Auf ihm erhebt sich die neuromanische St. Leo-Kapelle (chapelle Saint-Léon), die an der Stelle erbaut wurde, an der einst das Schloss der Grafen von Dagsburg (comtes de Dabo) stand. Vom 20 m hohen Turm kann man einen bezaubernden Rundblick genießen. An einer Orientierungstafel lassen sich die Berge in der Umgebung ausmachen: der Schneeberg, der Donon und der Grossmann. Die Statue von Leo IX. zeigt Bruno von Egisheim, den einzigen Papst aus dem Elsass (zwischen 1048 und 1054).

Die herrliche Waldlandschaft um Dabo ist im Sommer ein sehr beliebtes Ausflugsziel.

Der Dabo, berühmt durch seine Felssilhouette (in 664 m Höhe) in der Form eines Schiffes, mit der St. Leo-Kapelle aus dem 19. Jh.

12 Marmoutier (Maursmünster)

Die rote Sandsteinfassade der Abtei von Marmoutier gehört zu einem der ganz großen Erfolge romanischer Architektur im Elsass. Der Ursprung der Abtei geht auf das 6. Jh. zurück. Nachdem sie zur Ruine verfallen war, ist sie im Jahr 725 von dem Abt Maur, dem sie seinen Namen - Mauri Monasterium - verdankt, wieder restauriert worden. Zur Zeit der Bauernkriege und im 17. Jh. setzte ihr Niedergang ein, sie bekam jedoch neuen Aufschwung im 18. Jh. Nach dem Prinzip karolingischer Baukunst wird ein größerer, vierkantiger Turm mit Doppelfenstern von zwei kleineren Achtecktürmen eingerahmt. In der Mitte ruht das dreifache Rundbogenportal auf wunderschönen, mit Kapitellen verzierten, Säulen und kargem Figurenschmuck: Köpfe, Masken, sechs Löwen und ein Bär, der einen Kuchen verschlingt. Das Kirchenschiff aus dem 13. und 14. Jh. ist

Die Silbermann-Orgel aus dem Jahr 1710 in der Abteikirche, die bei zahlreichen Musikveranstaltungen zum Einsatz kommt.

Information

Fremdenverkehrsbüro für die Region Marmoutier
6, place du Général de Gaulle Tel.: 0388714684 - Fax: 0388714407
Abteikirche von Marmoutier
8, place du Général de Gaulle - ganzjährig geöffnet
Museum für volkstümliche Kunst und Traditionen
6, rue du Général Leclerc - Tel.:0388714684 - geöffnet vom 1. Mai bis 31. Oktober Sonntag und an Feiertagen von 10 bis 12 Uhr und 14 bis 18 Uhr

gotisch, während Chor und Apsis aus dem 18. Jh. stammen. Unbedingt sehenswert im Innern der Kirche sind: die Verzierung der Kapitellen, die Kanzel aus dem 16. Jh., die Silbermann-Orgel aus dem Jahre 1710 und das Chorgestühl Ludwig XV. Bei Ausgrabungen unter der Kirche ist man auf merowingische und karolingische Gräber gestoßen. Nicht versäumen darf man das Museum für volkstümliche Kunst und Traditionen in einem wunderschönen Fachwerkhaus aus dem 16. Jh.

Auf dem vollständig restaurierten Vorplatz erhebt sich die beeindruckende Sandsteinfassade der Abtei im romanischen Baustil.

13 Haguenau (Hagenau)

Der Ort entwickelte sich zunächst um eine der zahlreichen Burgen, die Anfang des 12. Jh. von Friedrich dem Einäugigen errichtet wurden. Ihm wurde nachgesagt, dass er immer eine Burg am Schwanze seines Pferdes hinter sich herzog. Friedrich Barbarossa verwandelte die Festung in eine Residenz, in der auch sein Enkel, Kaiser Friedrich II. - der letzte der Hohenstaufen - noch großen Hof hielt. Von diesem Glanz ist nichts mehr geblieben. Er wurde von Ludwig XIV. im 17. Jh. zerstört - in jener Stadt, die dem französi-

Das Elsässische Museum in einer ehemaligen mittelalterlichen Stadtkanzlei enthüllt Traditionen einer früheren Zeit.

Fremdenverkehrsbüro Haguenau · *Place de la Gare -*
Tel.: 0388937000 · Fax: 0388936989 · e-mail: tourisme@ville-haguenau.fr
Elsässisches Museum
1, place Joseph Thierry Tel.:0388733041
Historisches Museum
9, rue du Maréchal Foch Tel.: 0388937922

Drei Türme der früheren Stadtbefestigung prägen das Stadtbild.

Brunnen und bunte Blumenbeete tragen zu einem angenehmen Aufenthalt bei.

schen König Widerstand bot. Von der alten Stadtbefestigung, die nicht weniger als 54 Türme aufwies, existieren nur noch drei: der Tour des Chevaliers (Ritterturm), der Tour des Pêcheurs (Fischerturm) am Ufer der Moder und die Porte de Wissembourg (das Weißenburger Tor). Von den 29 Kirchen der Stadt gibt es nur noch 2: Saint Georges (Georgskirche), mit deren Bau im 12. Jh. begonnen und die im 15. Jh. vollendet wurde. Zwei romanische Türmchen umgeben den Hauptglockenturm, in dem zwei der ältesten Glocken des Elsass (1268) erklingen sollen. Der Brunnen vor der Kirche aus dem 18. Jh. stammt von der ehemaligen Abtei Neuburg.

Die Nikolauskirche (Eglise Saint-Nicolas), die von Kaiser Friedrich Barbarossa im 12. Jh. gegründet und anschließend den Prämonstratensern überlassen wurde, ist im 14. Jh. vollständig umgebaut worden. Die beiden Statuen, die das Portal zieren, stellen die beiden Heiligen Nikolas und Norbert dar. Im Innern finden wir außergewöhnliche Holzschnitzereien aus dem 18. Jh., die auch aus der Abtei Neuburg stammen. Am Choreingang repräsentieren drei Holzstatuen die Kirchenväter: Augustin, Ambrosius, Gregor und Hieronymus.

Die grand'rue und den place d'Armes säumen Häuser aus dem 18. Jh. Haguenau besitzt auch zwei bemerkenswerte Museen: das Musée Alsacien (Elsässische Museum) mit interessanten Sammlungen zur Wohnkultur und zum

Untergebracht in einem stattlichen Gebäude der Neu-Renaissance birgt das Historische Museum interessante Sammlungen.

Eine sehr zeitgenössische Präsentation archäologischer Sammlungen.

regionalen Handwerk sowie mit Volkstrachten und das Musée d'Art et Histoire (Historisches Museum) mit einer seltenen Sammlung von Hannong-Fayencen und stadtgeschichtliche Sammlungen (Buchdruck) aus den Jahren 1484 bis 1550. Nur wenige Schritte von diesem Museum entfernt liegt die chapelle du lycée (Lykeios-Kapelle) mit wunderschönen Fresken aus dem 15. Jh.. Schließlich sind noch zu erwähnen das Hôtel Fleckenstein (1480) und die Dischlachmühle (moulin Dislach) mit ihrem Mühlenrad, die bei einer Besichtigung dieser Stadt, die ihren Touristen eine blumenverzierte Sonnenuhr präsentiert, nicht fehlen dürfen.

S'Buerehiesel *13, rue Meyer*
tel: 03 88 93 30 90
Brasserie Au Tigre
4, place d'Armes · tel: 03 88 93 93 79
La Cuisine des Saveurs
2, rue de l'Etoile · tel: 03 88 06 07 73

Sessenheim

Hier machte dereinst Goethe seine wilden Ausritte über Wälder und Hügel. In Sessenheim lebte Friederike Brion, die Pfarrerstochter, mit der er eine Romanze hatte. Auch heute noch wird Goethe in ganz Sessenheim verehrt. Das Mémorial Goethe (Goethe-Erinnerungsstätte) sowie ein kleines Goethemuseum im l'Auberge du Boeuf (Gasthaus zum Ochsen) sind ihm gewidmet. Nur wenige Schritte weiter führt ein Spazierweg zur Friederiken-Eiche.

Au Boeuf
1, rue de l'Eglise
tel. 0388869714

Das Gasthaus zum Ochsen hat ein kleines Museum zum Gedenken an Goethe eingerichtet.

14 Soufflenheim (Sufflenheim) und Betschdorf

Diese beiden Ortschaften sind die Zentren der elsässischen Keramikindustrie. In Sufflenheim, wo die Existenz von Töpfern bereits im 12. Jh. nachgewiesen wurde, stellen die Handwerker glasierte Töpferwaren für den Einsatz in der Küche her, wie zum Beispiel die kougelhopf-Formen oder die Schüsseln für den baeckeoffe (Bäckerofen). Jedes Stück erhält innen wie außen einen crème-weißen, gelben, grünen oder blauen Scherben. Darauf erstrahlt ein Dekor aus Blumen, Vögeln, geometrischen Figuren, der nach dem Einbrennen mit einer Art Farbtank aufgetragen und mit Feder oder Pinsel vollendet wird und in herrlichem Glanz erstrahlt. Im 18. Jh. haben die aus Deutschland kommenden Töpfer die rheinische Technik der Salzglasur nach Betschdorf gebracht. Mit ihr wird Steinzeug zur Aufbewahrung von Lebensmitteln, Eiern, Sauerkraut, und Weinkrüge oder Branntweinfässer hergestellt, die an ihrer grauen Farbe mit kobaltblauem Dekor leicht zu erkennen sind. Bei der Salzglasur werden die Tonwaren 50 Stunden gebrannt und am Ende dieser Brennzeit werden 50 kg Salz im Ofen versprüht, um das Aussehen zu erreichen, das für diese Keramik so typisch ist. Am besten ist es jedoch, einmal eine der zahlreichen Werkstätten zu besuchen, die die Straßen dieser Dörfer säumen. Nicht versäumen darf man auch den Besuch des Musée de la poterie (Töpfereimuseum) in einem der wunderschönen Fachwerkhäuser aus dem 18. Jh., von denen es in Betschdorf so viele gibt. Es zeigt die Entwicklung der Töpferei in der Region seit der jüngeren Steinzeit bis heute sowie eine traditionelle Töpferwerkstatt.

In Betschdorf bei LOIS, dem Töpfer

Information

Fremdenverkehrsbüro

20 b, Grand Rue in Soufflenheim · Tel.: 0388867490 · Fax: 0388866069
2, rue de Kuhlendorf in Betschdorf · Tel. + Fax: 0388544970

Töpfereimuseum

2, rue de Kuhlendorf · Tel.: 0388544807 · Fax: 0388544970 · Geöffnet von Pfingsten bis Allerheiligen täglich von 10 bis 12 Uhr und 13 bis 17 Uhr.

Zahlreiche Töpferwerkstätten sind das ganze Jahr über für Besucher geöffnet.

Ein gutes Beispiel für die dekorativen Töpferwaren aus Sufflenheim: die für die Zubereitung des berühmten baeckeoffe unerlässlichen Schüsseln.

Äußerst präzise durchgeführte Handmalerei, bevor die Töpferwaren dann im Salzofen gebrannt werden.

15 Hunspach und Seebach

Diese beiden Ortschaften gehören zu den traditionsreichsten im Elsass und es kommt nicht selten vor, dass man Frauen sonntags oder bei festlichen Anlässen noch in der Regionaltracht - einer der schönsten des Elsass - begegnet. Seebach - entstanden aus dem Zusammenschluss von Oberseebach und Niederseebach - gehört zu den Straßendörfern.

Das Bürgermeisteramtsgebäude aus dem 18. Jh. liegt genau in der Mitte. Auf leichter Anhöhe steht die katholische Kirche mit ihrem unübersehbaren Kirchturm. Auf dem Dorfplatz des protestantischen Hunspach ist ein hundert Jahre alter Lindenbaum zu sehen, der im Jahre 1789 als Baum der Freiheit gepflanzt wurde. Der zu den

Luftaufnahme vom traditionellen Hochzeitsumzug, der "Streisselhochzeit", die jedes Jahr im Juli in Seebach gefeiert wird.

Fremdenverkehrsbüro Hunspach
3, route de Hoffen · Tel.: 0388805939

Vor der idyllischen Dorfkulisse zieht der Umzug zahlreiche aufmerksame Zuschauer an.

Häusern gehörende Hof ist jeweils zur Straße hin offen, die Dächer sind mit Biberschwanzziegeln gedeckt und die Fenster mit ihren gewölbten Scheiben wie dies zur Barockzeit üblich war - so dass man auf die Straße hinaussehen konnte, ohne dabei selbst gesehen zu werden - haben kleine Schutzdächer gegen die Unbilden des Wetters. Schön anzusehen sind auch die Brunnen, die überall im Ort zu finden sind.

Die Neuvermählten in der traditionellen Tracht des Nordelsass.

16 Strasbourg (Straßburg)

Straßburg ist Sitz des Europarats, des Europäischen Gerichtshofs für Menschenrechte und hier tritt auch das Europäische Parlament zusammen. Die Stadt umfasst 27 Kommunen und hat insgesamt 451 000 Einwohner. Ihr Ursprung geht auf die Römer zurück, die hier ein Militärlager am Rhein namens Argentoratum errichteten. Im 7.

Jh. wird die von den Barbaren zerstörte Siedlung unter dem Namen "Strataburgum" (Burg an den Straßen) wieder zum Leben erweckt.
Im Mittelalter blüht und gedeiht die Stadt unter dem Heiligen Römischen Reich Deutscher Nationen und erlebt ihre Blütezeit in der Renaissance, wo sie zu einer Wiege der Buchdruckerkunst wird. Im Jahr 1681 wird Straßburg an das Königreich Frankreich angeschlossen. In seinen Mauern ist die französische Nationalhymne, die Marseillaise, entstanden. Nach dem 2. Weltkrieg wird Straßburg im Jahr 1949 Sitz des Europarats.

Luftaufnahme von Straßburg mit den Europäischen Institutionen im Vordergrund.

←Vor dem Münster der immer stark belebte Platz.

Das Straßburger Münster ist der Ausgangspunkt für eine Stadtbesichtigung. Das Bauwerk erhebt sich auf einem großen Platz, der gepflastert ist wie im Mittelalter. An seiner Stelle stand bereits eine rheinische Basilika, die im Jahr 1015 von Bischof Wernher aus der Familie der Habsburger gebaut worden ist. Nachdem diese durch ein Feuer zerstört worden war, ist sie durch eine neue Kathedrale ersetzt worden. Nahezu drei Jahrhunderte mussten allerdings verstreichen, bis - vom Beginn des Fundaments im Jahr 1176 - die Spitze des Bauwerks im Jahr 1439 ihre Vollendung fand. Die Höhe von 142 m machte aus Notre-Dame de Strasbourg (Straßburger Münster) bis zum 19. Jh. das höchste Bauwerk des Christentums. Ein Teil der Krypta und der Apsis gehen auf die Basilika des Bischofs Wernher zurück. Um das Jahr 1225 herum traf eine Mannschaft aus Chartres ein, die den Baufortschritt revolutionnierte. Ein unbekannter Baumeister hat die heimischen Handwerker zu einem bis dahin nie dagewesenen, prachtvollen gotischen Baustil angeregt. Er hinterließ unvergleichliche Meisterwerke wie den Pilier des Anges (Engelspfeiler) und die Frauenfiguren, die für Ecclesia (Christentum) und für Synagoge (Judentum) stehen (Bogenfeld des Südportals). Über hundert Jahre später wurde die Hauptfassade in Angriff genommen, die am reichsten verziert ist. Die Tympanons ihrer drei Hauptportale zeigen Szenen aus dem Leben Christi und dem Jüngsten Gericht. Die berühmte Gruppe der Verlockung, umgeben von den Törichten Jungfrauen, die das rechte Portal ziert, diente als Modell für die Kathedralen in Fribourg (Freiburg) und Basel. Im

Information

Fremdenverkehrsbüro Straßburg und seine Region
17, Place de la Cathédrale Tel.: 88522828 - Fax: 0388522829
E-mail: otsr@strasbourg.com
Bahnhofsplatz - Galerie à l'En-Verre: Tel.: 0388325149
Europabrücke (deutsch-französisches Büro): Tel.: 0388613923
Führungen im Straßburger Hafen und auf dem Rhein *Port autonome de Strasbourg - 15, rue de Nantes 67100 Cedex · Tel.: 0388841313 - Fax: 0388843313*
Elsässisches Museum *- 23, quai St-Nicolas - Tel.: 0388525004*
Frauenhaus-Museum*, 3, place du Château- Tel.: 0388525004*
Kunstgewerbemuseum-Gemäldegalerie-Archäologisches Museum
2, place du Château Tel.: 0388525004
Museum für moderne und zeitgenössische Kunst
1, place Hans Jean Arp · Tel.: 0388233131 Geöffnet täglich von 11 bis 19 Uhr, Donnerstag von 12 bis 22 Uhr (Montag geschlossen)
Tomi Ungerer Sammlung *- Besichtigung auf Anfrage Tel.: 0388323154*
Besuch des Europarats *- Tel.: 0388412029*
Besuch des Europäischen Parlaments *- Tel.: 0388172007*

Unter der romanischen Kuppel der mehrfach umgebaute Chor.

linken Portal werden die Laster von der Lanze der Tugenden durchbohrt. Über den Portalen erhebt sich ein Doppelgiebel erstaunlicher Anmut. In filigranem Maßwerk erstrahlt eine herrliche Rosette, die auf Erwin Steinbach zurückgeht, der zwischen 1284 und 1318 Baumeister des Münsters war.

Darüber besteht die Plattform aus zwei Türmen, die den Glockenturm miteinander verbinden, der Ende des 14. Jh. gebaut worden ist. Nachdem man ungefähr 360 Stufen überwunden hat, kann man von dieser Höhe aus einen wundervollen Blick über Straßburg und seine Umgebung genießen. Auf der Südseite des Münsters befinden sich an dem wunderschönen Uhrenportal zwei Kopien der Statuen, die für Ecclesia und Synagoge stehen. Wie viele andere Statuen des Münsters befinden sich ihre Originale im Musée de l'Oeuvre Notre Dame (Frauenhaus-Museum). Auf dem Tympanon des rechten Seitenportals ist Marias Krönung abgebildet. Das Nordportal ist dem Hl. Lorenz gewidmet, dessen Märtyrertod - eine moderne Kopie - über dem

Portal dargestellt ist und von einem wunderschönen Baldachin im Stil der Spätgotik überragt wird. Im Innern des Münsters erstaunt das Kirchenschiff, das zwischen 1240 und 1275 in zwei Abschnitten gebaut wurde, durch die Harmonie seiner Proportionen. Die Originalfenster sind größtenteils erhalten. Die ältesten von ihnen aus dem 13..Jh. befinden sich auf der Nordseite und stellen die Herrscher des Hl. Römischen Reichs Deutscher Nationen dar. Ergänzt wurde im 14. Jh. die Katharinenkapelle (la chapelle Sainte Cathérine) mit besonders schönen Fenstern aus der gleichen Epoche und die Lorenzkapelle (chapelle Saint Laurent), deren Fenster aus der früheren Dominikanerkirche stammen. Im nördlichen Flügel: der Ölberg aus dem Jahre 1498 und die Taufsteine im Stil der Spätgotik aus dem Jahre 1453. Hier befinden sich die bemerkenswertesten Fenster des gesamten Bauwerks. Sie stammen noch aus der ehemaligen Basilika von Bischof Wernher und stellen Johannes den Täufer und den Evangelisten sowie eine betende Jungfrau und das Gericht Salomons dar, wobei ein leuchtendes Grün dominiert.

Ganz hinten links in der

Der Engelspfeiler und die berühmte Astronomische Uhr mit der Automatenmechanik.

Kathedrale befindet sich die Johanneskapelle mit dem Grab des Bischofs Konrad von Lichtenberg aus dem 14. Jh. und einer Grabtafel von Nikolas Gerhard von Leyde (1464), die einen Domherrn im Gebet vor der Jungfrau mit dem Kind zeigt. Die Kanzel von Hans Hammer ist ein ausgezeichnetes Beispiel für den Baustil der Spätgotik.

Das Orgelgehäuse, das mit kuriosen Figuren verziert ist, stammt ebenfalls aus dem ausgehenden Mittelalter. Nach einem bis zur Reformation üblichen Brauch versteckten sich hinter diesen Figuren, die sich durch Automaten bewegen ließen, bisweilen Menschen, die es sich während des Gottesdienstes am Ostersonntag nicht nehmen ließen, über die von der Kirche begangenen Sünden zu lästern, wobei ihnen eben diese Figuren als Sprachrohr dienten.

Im Südteil befindet sich weitere Automatenmechanik, mit der die Astronomische Uhr betrieben wird. Diese Uhr ist ein Erbe aus der Reformation. Sie wurde um das Jahr 1547 herum von einer Gruppe Schweizer Uhrmacher gebaut. Nachdem sie ab der Revolution außer Gebrauch war, wurde sie von Jean-Baptist Schwilgué wieder instandgesetzt.

Als Hauptattraktion des Straßburger Münsters setzt sich jeden Tag um 12.30 Uhr die Automatenmechanik in Bewegung und die 12

Im Schatten des Münsters das schönste Fachwerkhaus von Straßburg: Maison Kammerzell.

Apostel ziehen dann unter dem Krähen eines großen Hahns, der die Verleugnung des Apostels Petrus symbolisiert, an Christus vorüber. Vor der Uhr erhebt sich der herrliche Engelspfeiler oder Weltgerichtspfeiler, der das Jüngste Gericht darstellen soll.

Man darf diesen Platz nicht verlassen, ohne einen Blick auf die mit bleigefassten Fenstern und reiche Holzschnitzereien geschmückte Maison Kammerzell, das schönste Fachwerkhaus Straßburgs, geworfen zu haben. In ihr finden sich sämtliche Themen, die der Renaissance lieb und teuer waren: die Helden der Bibel und der Antike. Im Innern des Hauses tragen große Wandmalereien aus dem 19. Jh. von Léo Schnug unter dem gotischen Gewölbe im Erdgeschoss zur intimen Umgebung des Ortes bei.

An der rue Mercière gibt es einige wunderschöne Häuser aus dem 16. und 17. Jh. An der Nr. 8 kann man einen herrlichen Balkon bewundern, der im 18. Jh. angebaut worden ist. An der place Gutenberg liegt das l'Hôtel de la chambre de commerce, einst Rathaus, das im 16. Jh. erbaut wurde. In der Mitte des Platzes steht das Denkmal mit einem 1840 von David d'Angers geschaffenen Standbild Gutenbergs. In der Rue de l'Epine übertreffen vornehme Stadtpaläste aus dem 17. und 18.Jh. einander, die von reichen Händlern und Kaufleuten erbaut worden sind, die unbedingt in der Nähe der Ancienne Douane, des einstigen Zoll- und Kaufhauses - dem Wirtschaftszentrum der Stadt im Mittelalter - wohnen wollten. Besonders auffallend die Nr. 9 - das Hôtel Zorn - sowie das reich verzierte Portal von Nr. 3.

Rechts mündet die rue Saint Thomas in den Platz gleichen Namens, auf dem auch die Kirche St-Thomas, eines der bedeutendsten protestantischen Gotteshäuser, steht. Es wurde vom 12. bis 14. Jh. erbaut und ist ein repräsentatives Beispiel für eine Kirche mit fünf Schiffen, wie sie häufig im Rheinland und in den Niederlanden zu finden ist. Das Kircheninnere ist ein regelrechtes Grabmal-Museum. Das berühmteste ist zweifellos das Mausoleum des Marschalls Moritz von Sachsen, ein Meisterwerk der Bildhauerkunst des 18. Jh., ent-

Das Mausoleum des Marschalls Moritz von Sachsen - ein Meisterwerk des Bildhauers Pigalle.

Auf dem place Benjamin Zix fühlt man sich wie auf dem Pariser Montmartre

worfen von Pigalle. In einer kleinen Kapelle befindet sich das Grabmal des Bischofs Adeloch aus dem 12. Jh. Im Südflügel ist noch ein wunderschönes Tympanon aus dem 13. Jh. beachtenswert, das den Unglauben des Hl. Thomas darstellt. Von hier aus gelangt man in das Viertel "Petite-France" (Klein-Frankreich), den Inbegriff des alten Straßburg, das sich von der Thomaskirche bis zu den Ponts Couverts (ehemals gedeckte Brücken) hinzieht.

Einst das Viertel der Fischer, Müller und Gerber, geht sein Name auf ein Hospital für Syphiliskranke zurück, da man die Truppen von François I. dafür verantwortlich machte, diese Krankheit aus Italien mitgebracht zu haben. Die Straßen von Petite-France, die rue des Dentelles, rue du Bain-aux-Plantes säumen zahlreiche Fachwerkhäuser mit großen Innenhöfen, weit heruntergezogenen Dächern, die zu den bogenförmig ausgeschnittenen Getreides-

Das Maison des Tanneurs, der frühere Sitz dieser Gerberzunft.

peichern hin offen sind, damit die Gerber hier ihre Häute trocknen konnten. Unbedingt sehenswert ist das Hôtel des Rathsamhausen, ein von der Renaissance inspiriertes, aristokratisches Bauwerk inmitten der Wohnhäuser der Handwerker. Zweifellos das typischste dieser Handwerkshäuser ist das Maison des Tanneurs mit seinen blumenverzierten Holzarbeiten. Auf der gegenüberliegenden Seite befindet sich der Lohkäs, dessen Name an den Gerbstoff erinnert, der beim Trocknen der Häute verwendet wird. Wir verlassen diese kleine Straße und gelangen zu der Drehbrücke, einer Metallbrücke aus dem letzten Jh. Sie wird eingezogen, wenn auf der Ill die Ausflugsdampfer vorbeifahren. Wir überqueren den Platz von Petite-France und gelangen zu den Pont Couverts.

Die Ponts Couverts (oder "Bun Gewehr" wie die Straßburger sagen) sind Überreste aus dem 13. Jh., vier ehemals gedeckte Brücken, die zu der Befestigung gehörten, die die Stadt umgab. Drei trutzige Türme gehören ebenfalls dazu, die bis zum 18. Jh. mit Dächern versehen waren, die an den Ponte Vecchio in Florenz erinnerten.

Gegenüber erhebt sich die Barrage Vauban (Vauban-Wehr). Nachdem Straßburg wieder zu Frankreich gekommen war, wurde von Vauban eine neue Stadtbefestigung errichtet, zu der dieses Wehr mit Schleuse gehörte. Mit 13 Schleusentoren konnte der Fluss abgeriegelt und der südliche Teil der Stadt im Falle einer Invasion überschwemmt werden.

Heute ist die Barrage Vauban eine Panoramaterrasse, von der aus sich der Aufbau Straßburgs mit einem Blick erfassen lässt. Hier teilt sich die Ill, ein Nebenfluss des Rheins, in fünf Kanäle. Im Süden verlaufen drei davon in Richtung quartier des Moulins (Mühlenviertel), wo die Mühlräder von ihnen angetrieben wurden. Im Zentrum ist der Kanal noch heute in Betrieb. Im Norden fließt der Kanal du Faux Rempart, so benannt nach der mit Schießscharten versehenen Mauer, die einst den Wasserlauf trennte. Auf dem Place des Anciens Abattoirs befindet sich das Museum für moderne und zeitgenössische Kunst.

Hier kehren wir um und spazieren am Ufer der Ill entlang in Richtung Stadtzentrum, vorbei an malerischen Häusern, wobei wir auch auf das Musée Alsacien (Elsässische Museum) treffen, das in der Nr. 23, 24 und 25 am quai Saint Nicolas untergebracht ist. Am gegenüberliegenden Ufer liegt auf beiden Seiten der pont du Corbeau (Rabenbrücke) die Ancienne Douane (das einstige Zoll- und Kaufhaus) aus dem Mittelalter und die Ancienne Boucherie (einstige Schlacht- und Verkaufsstätte), in der sich heute das Musée Historique (Stadtgeschichtliches Museum) befindet, das gerade restauriert wird. Wenn wir unseren Spaziergang am quai des Bateliers fortsetzen, kommen wir zu dem

Palais Rohan. Eine riesige, dem Gebäude vorgebaute, Terrasse zeugt von prunkvoll-pompösen Festen.

Von 1704 bis zur Revolution haben die Rohans ausschließlich Straßburg zum Bischofssitz gewählt. Der erste in dieser Linie - Armand Gaston de Rohan Soubise - hat bei dem Hofarchitekten Robert de Cotte die Pläne für das Palais in Auftrag gegeben, das dann von Joseph Massol gebaut wurde. Nichts war dem Sohn Ludwig XIV. schön genug, dessen Devise lautete "Der König kann es nicht, der Prinz geruht es nicht zu tun, Rohan führt es aus". Der Bau wurde im Jahr 1730 begonnen und erst zehn Jahre später fertig. Anlässlich seiner Fertigstellung strömten Künstler und Handwerker aus ganz Europa nach Straßburg. Ludwig XV. war der erste Gast in der Fürstensuite, die nach der Etikette von Versailles entworfen war. Im Palais Rohan sind heute mehrere Museen untergebracht. Das Musée des Arts Décoratifs (Kunstgewerbemuseum) entführt den Besucher in das 18. Jh. und ist den berühmten

Überreste der mittelalterlichen Festung - im Vordergrund eine Bastion aus dem 16. Jh..

Fayencen aus der Manufaktur der Familie Hannong gewidmet. In den großen Prunkräumen wie dem Salle du Synode, ganz aus weißem Marmor, bis zur beeindruckenden Bibliothek kann man sich ein Bild machen, wie die Straßburger Kardinäle einst lebten. Das Musée des Beaux-Arts (Gemäldesammlung) ist spezialisiert auf die italienische und flämische Malerei und umfasst Werke von Giotto, Raphaël, Véronèse, Lucas de Leyde, Jacob von Ruysdaël, Peter de Hoog. Aber auch andere Länder sind vertreten, vor allem Spanien, mit einer bemerkenswerten „Mater Dolorosa“ von Greco sowie Portraits von Goya. In diesem Museum kann man auch „La Belle Strasbourgoise“ bewundern, die im Jahr 1703 von Nicolas de Largillière gemalt worden ist.

Im Untergeschoss befindet sich das Musée Archéologique (Archäologisches Museum). Obwohl das älteste Museum Straßburgs, ist es gleichzeitig auch das allerneueste, da es vollständig restauriert wurde, um seine reichhaltigen Schätze noch attraktiver und in zeitgenössischerer Form

Die rue du Maroquin in einer warmen Sommernacht mit zahlreichen Straßencafés.

präsentieren zu können. Es enthält vor- und frühgeschichtliche Sammlungen von der Steinzeit bis zur Zeit der Merowinger und die ganze Geschichte des Elsass findet sich hier berücksichtigt.

Vom Palais Rohan aus gelangt man wieder zum Münster. Dabei kommen wir an einem Gebäudekomplex vorbei, in dem sich das Musée de l'Oeuvre Notre Dame (Frauenhaus-Museum) befindet, das die Originalskulpturen des Münsters enthält.

Le Crocodile - Gastronomie
10, rue de l'Outre · tél: 0388321302
Le Buerehiesel - Gastronomie
4, parc de l'Orangerie - Tel.: 0388455665
***La Maison des Tanneurs** - 42, rue du Bain-aux-Plantes - Tel.: 0388327970*
***La Maison Kammerzell** - 16, place de la Cathédrale - Tel.: 0388324214*
***L'Ami Schutz** - 1, Ponts-Couverts Tel.: 0388327698*
***Winstube Strissel** - 5, place de la Grande Boucherie - Tel.: 0388321473*
***Winstube Le Saint-Sépulcre** - 15, rue des Orfèvres - Tel.: 0366323997*
***Hôtel de la Cathédrale** - 12, place de la Cathédrale - Tel.: 0388221212*
L'Arsenal
11, rue de l'Abreuvoir - Tel.: 0388350369

Wantzenau

Wanzenau, ein altes Fischerdörfchen mit zahlreichen Fachwerkhäusern, ist ein beliebtes Wochenendausflugsziel der Straßburger. Die Ill mit ihren Flachkähnen und dem angeschwemmtem Gebüsch und Schilf an ihren Ufern prägt hier die Landschaft in entscheidender Weise.

Es ist ein Ausflug in die ländliche Idylle, der auch Gaumenfreuden bietet, denn es finden sich hier zahlreiche sehr gute Restaurants, die für ihre Spezialitäten wie die matelote (ein Fischgericht), la friture (gebackener Fisch) oder die poussins (kleine Küchlein) berühmt sind.

Unvergessliche und schöne Momente erwarten Sie an dem Ufer der Ill.

Die großen Flachkähne der Fischer werden auch heute - wie z.B. bei Festen - eingesetzt.

17 Molsheim

In das Stadtzentrum gelangt man durch die Porte des Forgerons (Schmiedtor; 1412). Etwas weiter unten auf dem Rathausplatz (place de l'Hôtel de ville) steht der Brunnen - geschmückt mit einem Löwen, der das Stadtwappen hält - vor der Metzig, dem einstigen Sitz der Fleischerzunft. Dieser stattliche Bau ist mit seinen Balkonen an den Giebelseiten, der doppelläufigen Freitreppe und der astronomischen Uhr, an der zwei Engel die Stunden schlagen, ein Paradebeispiel für die elsässische Renaissance.

Die Jesuitenkirche oder das collégiale Saint-Georges wurde von 1614 bis 1618 in einem Stil erbaut, der neben Elementen der Renaissance vor allem Stilelemente der

Eine bemerkenswerte Kirche im Stil der Spätgotik: die Jesuitenkirche

Information

Interkommunales Fremdenverkehrsbüro *- 19, place de l'Hôtel de ville Tel.: 0388381161 - Fax: 0388498040 - E-mail: Molsheim@sdv.fr.*

Musée de la Chartreuse et de la Fondation Bugatti
4, rue des Chartreux - Tel.:0388382510 - Geöffnet vom 2. Mai bis 15. Juni und 16. Sept. bis 15. Okt. täglich von 14 bis 17 Uhr. Vom 16. Juni bis 15. Sept. von Mo. bis Fr. von 10 bis 12 Uhr und von 14 bis 18 Uhr, Sa. und So. von 14 bis 17 Uhr.

Fort de Mutzig C.S.A.D *- 22, route de Molsheim Tel.: 0388477988 vom 1. Juli bis 31. August Sonntag von 9 bis 17 Uhr, vom 1. Mai bis 30. Juni und vom 1. September bis 31. Oktober: erster Sonntag im Monat von 9 bis 17 Uhr.*

Musée de Mutzig *39, rue du Château-Château des Rohan Tel.: 0388387343 1. Mai bis 30. Sept. von Mi. bis Sa. von 14 - 17.30 Uhr und So. von 14 - 18 Uhr*

Der völlig neu gestaltete Rathausplatz

Mitten im Grünen der Glockenturm des Dompeter - ein wunderbares Beispiel aus den Anfängen romanischer Baukunst

Spätgotik aufweist. In der Nähe von Molsheim wurde dem Bugatti-Werk wieder neues Leben eingehaucht.

Mutzig

Das kleine Städtchen besaß einst eine Stadtummauerung. Davon übrig geblieben ist ein Tor mit einem Viereckturm. Das Schloss, das im 17. Jh. wiederaufgebaut wurde, beherbergte im 19. Jh. eine Waffenfabrik, in der Chassepot, der 1833 hier geboren wurde, das französische Infanteriegewehr erfand und bauen ließ, das seinen Namen trägt. Zu besichtigen ist die Festung "Wilhelm II." (Fort Guillaume II) und das Museum - insbesondere mit seiner Sammlung an Blankwaffen.

18 Marlenheim

Das kleine Städtchen ist für seinen Klevner bekannt. Bereits die merowingischen Könige haben hier eine ihrer "Villen" gebaut. Die Barockkirche hat sich romanische Elemente vom ausgehenden 11. Jh. bewahrt. Im Innern der Kirche stammen die Taufbecken, Kanzel und Altar aus dem 18. Jh. Im Zentrum der Stadt erinnert die Ancienne Douane an den ehemals kaufmännischen Mittelpunkt der Ortschaft. Heute ist sie der Ausgangspunkt für die Weinstraße, die ca. 120 km südlich in Thann (Tann) endet. Marlenheim liegt auch an der "couronne d'or" - eine Anspielung auf die Krone der merowingischen Könige - . Sie repräsentiert eine unterrheinisch verlaufende Weinstraße, an der 21 Weinstädte rund um Straßburg zusammengeschlossen sind.

Le Cerf · *30 rue du Général-de-Gaulle - Tel.: 0388877373*
Gastronomie - Hotelzimmer

Inmitten der Weinberge eine kleine Kapelle, die zu den versteckten Schätzen von Marlenheim gehört

Fremdenverkehrsbüro
Place du Kaufhus - Tel.: 0388877580 - Fax: 0388594950
E-mail: mairie@marlenheim.com

↑ Eines dieser sauber-koketten Dörfchen, die den Ruf des Elsass ausmachen. Hier liegt der Ausgangspunkt für die Weinstraße.

Überall kann man → Weinkellereien besuchen.

Das Bürgermeisteramt ↓ von Marlenheim

19 Rosheim

Die Stadt Rosheim ist im 13. Jh. bereits erstmals befestigt worden und erneut im 15. Jh. Zu der ersten Ummauerung kam eine zweite, größere hinzu, die auch die Häuser umschloss, welche entlang der Straße gebaut worden waren. Von diesen zwei Stadtmauern existieren noch drei Tore, eines davon - la porte des Lions - (Löwentor) führt auf einen Weinberg. Die Kirche St. Pierre et Saint Paul (Peter-und -Paul-Kirche) ist eine wunderschöne Kirche, die zwischen 1132 und 1190 von den Hohenstaufen erbaut wurde. Der Glockenturm oberhalb des Querhauses ist gotisch. Von außen stechen besonders ins Auge das südliche Seitenportal und die

Luftaufnahme von Rosheim mit der Saint-Pierre et Saint-Paul Kirche - einem Meisterwerk romanischer Baukunst - im Zentrum.

Information

Fremdenverkehrsbüro

Place de la République - Tel.: 0388507538 - Fax: 0388504549

Geöffnet: vom 16. Juni bis 15. Sept. und vom 1. Dez. bis 31. Dez.: von Mo. bis Fr. von 9 - 12 Uhr und 14 - 18 Uhr, Sa. von 9 - 12 Uhr und von 15 - 18 Uhr, So. von 9 - 12 Uhr. Vom 2. Jan. bis 15. Juni und vom 16. Sept. bis 30. Nov.: von Mo. bis Fr. von 9 - 12 Uhr und von 14 - 18 Uhr.

Verzierungen der Apsis. Im eher nüchternen Kircheninneren wechseln sich vierkantige Pfeiler mit durch skulptierte Kapitellen verzierte Säulen ab. Auf dem Hauptplatz sind beachtenswert das Rathaus (Hôtel de Ville) aus dem 18. Jh., der Zittgloeckelturm sowie ein sehr schöner Renaissancebrunnen. In der Oberstadt finden wir das maison païenne (Heidenhaus) aus dem 12. Jh., das älteste Patrizierhaus im Elsass. Die Eglise Sainte-Etienne (Stephanskirche) - aus dem 17. Jh. - von der noch ein Glockenturm aus dem 13. Jh. erhalten geblieben ist, wurde von dem Architekten des Château de Sauverne erbaut.

Es ist ein herrliches Erlebnis, durch diese mittelalterlichen Tore hindurchzugehen.

Ein Blick auf den Glockenturm, der über den Dächern der reich verzierten Fachwerkhäuser thront.

20 Der Donon

Der Große Donon (1009) m ist eine der ältesten keltischen und gallo-romanischen Religionsstätten. Hier oben wurden zahlreiche archäologische Funde getätigt, darunter die Fundamente einiger Tempel. Ganz oben auf dem Gipfel befindet sich ein neohellenistischer Tempel, der im 19. Jh. unter Napoleon gebaut wurde. Überall finden sich zahlreiche Inschriften und Malereien. Auf halbem Weg den Berg hinauf treffen wir auf eine Skulptur Jupiters, die den blitzeschleudernen Himmelsgott zeigt, wie er ein schlangenfüßiges Ungeheuer niederreitet. Die meisten der hier oben getätigten Funde wurden jedoch gesammelt und befinden sich heute im Musée d'Epinal von Straßburg. In der Nähe liegt ein Soldatenfriedhof aus dem 1. Weltkrieg, denn an diesem Ort haben sich viele Kämpfe zugetragen.

Eine der großen Kultstätten in den Vogesen: der Gipfel des Donon und sein Tempel.

21 Obernai (Oberehnheim)

Obernai ist der Geburtsort der Heiligen Odilie (Sainte-Odile), wovon der Brunnen auf dem Marktplatz (place du marché) zeugt, den die Statue der Hl. Odilie ziert. Diesen Platz säumen auch die schönsten Baudenkmäler dieser Stadt, die sich ihr mittelalterliches Flair und einen Hauch Renaissance bis heute bewahrt hat. Das Rathaus (l'Hôtel de Ville) aus dem Jahre 1462, das oft renoviert wurde,

Luftaufnahme von Obernai in der zarten Herbstsonne, die seine mittelalterliche Stadtmauer deutlich sichtbar in den Vordergrund rücken lässt.

Information

Fremdenverkehrsbüro

Place du Beffroi - Tel.: 0388956413 - Fax: 0388499084

E-mail: otobernai@sdv.fr - Internet: www.mairie-obernai.fr - Geöffnet vom 1. Mai bis 31. Oktober von Montag bis Samstag von 9.30 bis 12.30 Uhr und 14 bis 19 Uhr - Sonntag und an Feiertagen von 10.30 bis 12.30 Uhr und von 14 bis 19 Uhr - vom 2. Januar bis 30. April und vom 2. November bis 31. Dezember Montag bis Samstag von 9 bis 12 Uhr und 14 bis 17 Uhr. Führungen (Dauer 1.30 Stunden) ganzjährig. Ausgangspunkt: Fremdenverkehrsbüro.

Fußgängerzone mit der Silhouette des Kapellturms (beffroi) im Hintergrund

schmückt ein kleiner Fassadenerker sowie ein Balkon im gotischen Stil aus dem Jahre 1604.

Der salle des délibérations (Beratungssaal) befindet sich im ehemaligen salle de Justice (Justizsaal), der reichhaltige Deckenverzierungen aufweist. Daneben erhebt sich der 70 m hohe beffroi oder Kapellturm. Wie der Name schon sagt, handelt es sich hier um den Glockenturm einer mittelalterlichen Kapelle, die abgerissen wurde. Gegenüber hat die Ancienne Boucherie aus dem 16. Jh. als Schlachthaus, später als halles aux blés (Kornhalle) gedient. Heute beherbergt sie ein Restaurant.

Das Gebäude ist an seinem ausladenden Dach und seinem spitzen Giebel leicht erkennbar.

Vor dem Hôtel de la Cloche steht der schönste Brunnen des Elsass. Er wurde 1579 erbaut und besitzt drei Räder und sechs Eimer. Eine Inschrift erinnert an das Zusammentreffen Jesu mit dem Barmherzigen Samariter am Jakobsbrunnen. Die Kirche aus dem ausgehenden 19. Jh. besitzt einige sehr schöne Fenster aus dem 15. Jh. sowie einen Altar aus dem Jahr 1504 mit einer Altarwand, die die Grablegung Christi und dessen Auferstehung zeigt.

Obernai: eine traumhafte Kulisse für alle traditionellen Feste des Elsass

← Der Sechseimerbrunnen - der schönste Brunnen im ganzen Elsass

Wie aus einem Album → von Hansi…

Der Marktplatz und die Kornhalle bei Feierlichkeiten.

Feststimmung - sonniges Obernai.

Doch der eigentliche Charme von Obernai liegt in einem Spaziergang durch seine buckligen, winkeligen Gassen mit seinen malerisch wirkenden Fachwerkhäusern. Überall erregen herrliche Details unsere Aufmerksamkeit: skulptierte Fenster, wunderschön verzierte Zunftschilder über den Eingängen. Das häufigste Motiv ist das Winzermesser mit Weintraube und Weinrebe. Die interessantesten Häuser sind: das maison Fastinger und sein Innenhof, 68, rue du Général-Gouraud und die maison Strohn, 8, rue des Pèlerins. Entlang der Stadtmauer kann man einen wunderschönen Spaziergang um Obernai herum unternehmen. Die Gräben sind heute bepflanzt mit Weinstöcken, Blumen und Obstbäumen, während sich die an die Stadtmauer gebauten Häuschen hinter engen Schießscharten verstecken.

Restaurant "Les Remparts"
3, rue du Marché
Tel.: 0388951552
La Halle aux Blés
Place du Marché - Tel.:0388955609
La Dîme
5, rue des Pèlerins - Tel.: 0388955402
La Fourchette des Ducs - Gastronomie
6, rue de la Gare · tél: 0388483338
Le Parc - Gastronomie *169, route d'Ottrott - Tel.: 0388955008 - Hôtel - Restaurant aber auch Weinstube*

Die Heilige Odilie, Schutzpatronin des Elsass, wacht über Obernai.

Ein Spaziergang durch Obernai bei herrlichem Sonnenwetter.

22 Mont Sainte-Odile (Odilienberg)

Der auf einem 763 m hohen Bergrücken gelegene "heilige Berg" des Elsass ist einer der am meisten besuchten Wallfahrtsorte der Vogesen. Er ist von einer 12 km langen Mauer aus Sandsteinblöcken umzogen. Nach jüngsten Untersuchungen der Archäo-

Hostellerie du Mont Saint Odile *- Tel.: 0388958053 - vom 7. bis 20. Januar und vom 20. November bis 3. Dezember geschlossen*
www.mont-sainte-odile.com

logen geht diese "Mur Païen" (Heidenmauer) vermutlich auf die Epoche Etichos, eines elsässischen Herzogs, zurück, der das Kloster im 7. Jh. auf dem Standort einer merowingischen Festung, genannt "Hohenbourg" (Hohenburg), gegründet haben soll und dessen erste Äbtissin seine Tochter Odilie war. Odilie ist zunächst von ihrem Vater zurückgewiesen worden, weil sie bei ihrer Geburt blind war. Sie wuchs in Burgund auf und bekam ihr Augenlicht bei ihrer Taufe wieder. Es werden ihr zu Lebzeiten viele Wunder nachgesagt. So soll sie beispielsweise an einen Felsen geschlagen sein, worauf dort eine Quelle hervorbrach, mit deren Wasser Blinde ihr Augenlicht wiedererhielten. Nach ihrem Tod um das Jahr 720 herum wurde ihre Grabstätte Gegenstand eines regelrechten Kults. In den ältesten Teilen des Klosters zieht der Sarkophag der Hl. Odilie in der chapelle Saint Jean-Baptiste (Kapelle Johannes des Täufers) immer noch zahlreiche Besucher an. Diese Kapelle ebenso wie die Kirche selbst, die chapelle Sainte Croix (Kreuzkapelle) und die außenliegenden Kapellen, wurden während des Umbaus des Klosters im 12. Jh. ebenfalls restauriert. Der Gesamtkomplex wurde seither sehr oft umgebaut, vor allem im 18. Jh. und vor dem 2. Weltkrieg. Das ändert jedoch nichts daran, dass man von der Atmosphäre des Ortes in Bann gezogen wird, sobald man über den mit Lindenbäumen gesäumten Hof durch die große Vorhalle in die Kirche und den salle des pèlerins (Pilgersaal) eintritt. Dieser Eindruck verstärkt sich noch, wenn man die prächtige Aussicht vom Kirchenvorplatz aus, der von der Statue der Hl. Odilie beherrscht wird, genießt. Die beiden Kapellen auf dem Vorplatz sind mit

Der am häufigsten besuchte Wallfahrtsort des Elsass: der Odilienberg auf einem bewaldeten Bergrücken gelegen. Ansicht von Kloster und Kirche

Die elsässische Ebene unter dem Blick der Hl. Odilie.

goldgrundigen Mosaiken verziert. Im Innern der chapelle des Larmes (Tränenkapelle) soll von den Tränen der Hl. Odilie, die hier für ihren Vater gebetet hat, ein Stein ausgehöhlt worden sein. Die chapelle des Anges (Engelkapelle) wurde auf einem Felsvorsprung an die Stelle eines römischen Wachtturms gebaut.

Eine Sonnenuhr aus dem 17. Jh. trägt die lateinische Inschrift: "Du siehst, wie der flüchtige Schatten die Stunden anzeigt; ein Schatten regiert die Schatten, wir sind nur Schatten und Staub". Im Kloster ist auch noch der Bildstock aus dem Jahre 1170 zu besichtigen, auf der die Hl. Odilie zu sehen ist, wie sie von ihrem Vater die Gründungsurkunde von Hohenburg erhält, sowie das Grab der Hl. Odilie aus dem 18. Jh. und das von Eticho und seiner Frau. Aus dem 18. Jh. können Gemälde bewundert werden, die in der Kapelle, in der die Hl. Odilie begraben ist, von ihrem Lebensschicksal berichten, wie es die Legende erzählt. Beachtenswert in der Kirche ist auch der Kreuzesweg, der von dem berühmten Künstler und Kunsttischler Charles Spindler im Jahre 1934 geschaffen wurde.

Zu den zahlreichen Spaziergängen, die man vom Konvent aus unternehmen kann, sind die folgenden die interessantesten:

Zur Odilienquelle: dorthin gelangt man in 20 Minuten.

Die Überreste der Nonnenabtei von Niedermunster erreicht man in nur 30 Minuten.

Die Heidenmauer: man benötigt mehrere Stunden, um sie abzulaufen und es ist ratsam, sich mit einer Karte des Vogesenvereins auszustatten, um entlang ihres Weges durch die Wälder keine Sehenswürdigkeit zu verpassen.

Der Odilienberg ist praktisch das ganze Jahr über bewirtschaftet und bietet auch Übernachtungsmöglichkeiten. Am stärksten besucht ist der Ort natürlich am 13. Dezember, dem Tag der Hl. Odilie.

Hauptanziehungspunkt der Wallfahrten: der Sarkophag mit dem einbalsamierten Leichnam der Hl. Odilie.

23 Champ du Feu (Hochfeld)

In 1099 m Höhe liegt das Champ du Feu (Hochfeld): ein weitläufiges, abgeholztes Plateau, das einst der Tierzucht diente. Inmitten eines Straßenrondells ragt ein Aussichtsturm auf, der vom Club Vosgien gebaut wurde, und der einen umfassenden Rundblick über die Vogesen vom Donon bis zum Großen Belchen, von der elsässischen Ebene bis zum Schwarzwald gewährt. Die nahen Grashänge sind ein viel besuchtes Wintersportgebiet mit Skiliften.

Unberührte Natur: der Welschbruch.

Wintersportfreuden in unmittelbarer Nähe von Straßburg.

24 Der Struthof

Am Struthof, dem einzigen Konzentrationslager, das von den Nazis während des Krieges am linken Rheinufer gebaut worden ist, finden wir alles so vor, wie es gewesen ist: das große Eingangstor, die Beobachtungstürme und die doppelten Stacheldrahtzäune. Zwei Gebäude sind ebenfalls erhalten geblieben, wovon das eine in das Musée de l'Histoire et de la Déportation umgewandelt wurde. Weitere Zeugnisse des Schreckens sind das Krematorium, das Gefängnis und die Aschegrube. Ein großes, von der Straße aus sichtbares, Mémorial de la Déportation (Ehrenmal mit dem Grab des Unbekannten Deportierten) weist auf diesen Ort hin, den über 8000 Gefangene durchliefen, bevor das Lager im September 1944 nach Dachau verlegt worden ist.

Damit man nie vergessen möge ...

Information

*Besichtigungen werden durchgeführt von der **Direction Interdépartementale des Anciens Combattants** - Service du Patrimoine, Cité Administrative in Strasbourg - Tel.: 0388767899*

Barr/Andlau

Auf dem Marktplatz, umgeben von alten Häusern, erhebt sich ein Brunnen sowie das Hôtel de Ville (Rathaus) mit seinen wülstigen Giebeln und skulptiertem Balkon im Stil der Renaissance (1610). Im Hintergrund ist der Kirchturm der l'Eglise St Martin (12. bis 16. Jh.) zu sehen. Von dem Platz in Richtung Kirche gelangt man über eine Strecke von drei Kilometern auf einen Fußweg durch die Weinberge, vor allem die Lage Kirschberg, ein grand cru classé (Wein der Spitzenklasse). Das Musée de la Folie Marco stellt eine Attraktion für Barr dar. In einem stattlichen Barockgebäude aus dem 18. Jh. sind u.a. Mö-

Der Marktplatz in Barr.

Barr, Fremdenverkehrsbüro Rue des Bouchers
Place de l'Hôtel-de-Ville Tel.: 0388086665 - Fax: 0388086651
Musée de la Folie Marco *- 30, rue Sulzer - Tel.: 0388089472*
Geöffnet vom 1. Juli bis 30. Sept. täglich außer Di. von 10 - 12 Uhr und von 14 - 18 Uhr - im Mai und Juni: Samstag und Sonntag und im Dezember: Samstag und Sonntag sowie in den Schulferien in Frankreich zu den gleichen Zeiten
Fremdenverkehrsbüro du Val d'Andlau
5, rue du Général de Gaulle - Tel.: 0388082257 - Fax: 0388084222

bel und Fayencen zu sehen. Im Keller des Museums können Weine des stadteigenen Weinbergs verkostet werden. In unmittelbarer Nähe steht der Gaensebroenel (fontaine des oies), der einem der besten Weine der Region seinen Namen gab.

Andlau

Dieser Winzerort verdankt seinen Ruf einer Abtei, die von Sainte Richarde, der Ehefrau von Kaiser Karl dem Dicken um 880 herum gegründet worden ist. Der Legende zufolge soll ein Bärenweibchen Richarde den Platz gezeigt haben, auf dem sie die Abtei gründen solle, indem sie an dieser Stelle den Boden kratzte. Die übrigen Gebäude der Abtei wurden während der Revolution zerstört, aber die Kirche Saint Pierre et Saint Paul - ein Kleinod einfacher romanischer Baukunst - ist geblieben. Die Kirche beherbergt den Schrein der Sainte Richarde und in der Krypta erinnert ein Bärenweibchen aus Stein an ihren Ursprung. Der Kirchenplatz ist von wunderschönen Domstiften aus dem 17. und 18. Jh. umgeben. Auch der Renaissance-Brunnen in Rathausnähe ist mit der Statue von Sainte Richarde geschmückt. Zwei Burgruinen sind sehenswert in Andlau: die Spesbourg (Spesburg) und Haut Andlau. Letztere ist an ihren zwei mächtigen, zylinderförmigen Türmen leicht erkennbar. .

Der Schrein von Sainte Richarde

Stolz wacht die Burg über Andlau.

Dambach -La-Ville

Dambach-la-ville ist eines der prachtvollsten Blumenstädtchen des Elsass. Aufgrund der 400 ha großenWeinberge, von denen es umgeben ist, ist es auch einer der bedeutendsten Winzerorte des Elsass. Seine Stadtmauer aus dem 14. Jh. mit drei Tortürmen ist noch erhalten ebenso wie das wunderschöne Hôtel de Ville (Rathaus) mit seinen stufenweise erhöhten Giebeln und dem Brunnen - beides aus der

Luftaufnahme von Dambach-La-Ville und seinen herrlichen Weinbergen

Fremdenverkehrsbüro - Mairie
Place du Marché - Tel.: 0388926100 oder 0388924105

Den Aufstieg zur kleinen Kapelle St. Sébastien darf man nicht versäumen.

Mitte des 16. Jhs. Beim Aufstieg zur Kapelle Saint Sébastian kann man einen atemberaubend schönen Rundblick genießen. In der Kapelle ist der herrliche Barockaltar unbedingt sehenswert. Außerhalb der Kirche ist an einem Beinhaus aus dem 16. Jh. - zweifellos aus dem Bauernkrieg - die Aufschrift zu lesen: "Was Du bist, sind wir gewesen".

Über einen Pfad kann man zu Fuß die Ruine der Burg Bernstein - Besitz des Straßburger Bischofs - erreichen. Auch wenn die Burg nach dem Dreißigjährigen Krieg aufgegeben und im Jahr 1789 zerstört wurde, sind Turm und Hauptgebäude mit Fenstern im romanischen Stil noch erhalten.

Ein selten gewordenes Spektakel: die Weinernte nach alter Art.

27 Scherwiller (Scherweiler)

Der Ort wird beherrscht von den Ruinen der Ortenburg und der Burg Ramstein. Hier endete der Bauernkrieg am 20. Mai 1529 durch den Sieg des Herzogs von Lothringen über 26000 revoltierende, elsässische Bauern, von denen die Hälfte brutal niedergemacht worden war. Auch wenn der Ort im Jahre 1634 von den Schweden schwer verwüstet wurde, sind dennoch einige alte Gebäude erhalten geblieben, so vor allem das Wachhaus aus dem 17. Jh. mit seinem Erker und dem skulptierten Balkon und die l'Hôtellerie de la Couronne mit ihren Holzgalerien. Ein netter Brauch hat sich in Scherwiller erhalten: der First der Häuser, in denen ein junges Mädchen im heiratsfähigen Alter lebt, wird mit einer Ziegel in Form eines Herzens geschmückt.

Die Ortenburg erstrahlt im Herbstglanz

Information

Fremdenverkehrsbüro Scherwiller *Châtenois rue de la Mairie Tel.: 0388922562 - vom 15. Juni bis 15. Sept. von Mo. - Fr. von 9 - 12 Uhr und von 14 - 18.30 Uhr, Sa. von 9 - 12 Uhr und von 14 - 16 Uhr organisiert insbesondere Besichtigungen der Ortenburg das ganze Jahr über.*

28 Ebersmunster (Ebersmünster)

Im Flachland des elsässischen Ried sind die drei Zwiebeltürme der Abteikirche von Ebersmunster (Eglise Abbatiale) weithin sichtbar. Es handelt sich hier um die einzige Barockkirche links des Rheins. Sie wurde von dem Vorarlberger Baumeister Peter Thumb im 18. Jh. auf den Überresten eines weitaus älteren Klosters, das während des Dreißigjährigen Krieges zerstört worden war, errichtet. Das Kloster soll im 7. Jh. vom Vater der Heiligen Odilie, Herzog Eticho, gegründet worden sein. Im folgenden Jahrhundert unterwarf es sich den Ordensregeln des Hl. Benedikt und unterstand dem Straßburger Bischof.

Feine Barockkunst : die Zwiebeltürme der Abteikirche von oben photographiert.

Rasch wurde es zu einem der bedeutendsten Konvente des Elsass.

Information

*Die **Abteikirche** ist täglich geöffnet von 9 - 12 Uhr. An Sonn- und Feiertagen von 11 - 12 Uhr und von 14 bis 18 Uhr, wenn keine Gottesdienste und Konzerte stattfinden. Führungen: Auskünfte unter 0388857266. Im Mai jeden Sonntag um 17 Uhr: "Die musikalischen Stunden von Ebersmunster" - Orgelkonzerte und Kirchenchormusik.*

Gemälde und Stuckverzierungen: die feierliche Atmosphäre einer in dieser Art einzigartigen Kirche im Elsass.

Die heutige Kirche Saint Maurice beeindruckt durch ihr lichtdurchflutetes Inneres, die Gemälde, Stuckverzierungen und Skulpturen. Mittelpunkt ist der monumentale, mit Gold und Skulpturen verzierte Hochaltar mit seinem kronenförmigen Baldachin. Über der Orgel von Andreas Silbermann - die zu den am besterhaltensten im Elsass gehört - ist ein Fresko zu sehen, das die Hl. Cäcilia und die Musiker zeigt. Die Kanzel wird von einem imposanten Samson getragen, der von Clemens Winterhalder geschaffen wurde. Von dem ehemaligen Konvent ist nur noch ein Tor mit einem Gemälde übrig, auf dem Dagobert, der Hl. Arbogast und der Eber zu sehen sind. Nach der Überlieferung soll nämlich der Sohn von Dagobert von einem Eber verletzt und vom Heiligen Arbogast auf wundersame Weise geheilt worden sein.

Die Silbermann-Orgel, die für die "Musikalischen Stunden" von Ebersmunster eine besondere Anziehungskraft darstellt.

29 Sélestat (Schlettstadt)

Der Name kommt von "scladistat", was so viel wie "Sumpfort" bedeutet und erinnert damit daran, dass Sélestat mitten im Ried liegt, der Region, die häufig von den Wassern der Ill überschwemmt wird.

Die Stadt war einst Residenz der Frankenkönige - Karl der Große hat im Jahr 775 hier Weihnachten gefeiert - und wurde Ende des 11. Jh. ein Lehen der Hohenstaufen. Im 13. Jh. ließ Friedrich II. eine Stadtmauer ziehen, die jedoch 1673 auf Befehl von Ludwig XIV. zerstört wurde. Er wollte diese wichtige Stadt der Dekapolis einnehmen. In der zweiten Hälfte des 15. Jh. und Anfang des 16. Jh. erlebte Sélestat eine brillante intellektuelle Blütezeit. Ihre Lateinschule wurde zum Zentrum des elsässischen Humanismus wie so bedeutende Figuren wie der Historiker Beatus Rhenanus und der Reformator Martin Bucer zeigen.

Place du Marché-aux-Choux (Kohlmarkt), rue des Chevaliers (Straße der Reiter), rue du Babil (Straße des Klatsches), place de Vieux Port (Platz des Alten Hafens) ... schon allein, wenn man all diese Namen liest, kommt man in dieser lebhaften Stadt ins Träumen, vor allem dienstags, wenn der Markt sehr belebt ist. Sélestat besitzt eine interessante Altstadt mit vielen malerischen Häusern sowie dem Tour des Sorcières (Hexenturm) (1216) und dem Tour de l'Horloge (Uhrenturm) (1280) - Überreste der Stadtbefestigung. Auch wenn sie im Jahre 1889 restauriert wurde, ist die Kirche Sainte - Foy eines der schönsten Bauwerke romanischen Stils im Elsass. Die Kapelle Saint Sépulcre, der Vorgänger der heutigen Kirche, wurde der Abtei de Conques von Hildegard, der Witwe von Friedrich von Büren, geschenkt. So kamen die französischen Mönche 1094 aus Rouerge, um sich im Elsass niederzulassen. In der zweiten Hälfte des 12. Jh. ließen sie eine neue Kirche aus Rotsandstein und grauem Granit bauen, die Sainte Foy (St. Fides), der Schutzpatronin von Conques gewidmet wurde. Das Chorgewölbe und der achtkantige Vierungsturm gehören zu den ältesten Teilen. Die romanische Fassade wird von zwei Türmen eingerahmt, deren Spitzen aus dem 19. Jh. stam-

i Information

Fremdenverkehrsbüro Commanderie Saint Jean -
Boulevard du Général Leclerc - Tel.:0388588720 - Fax: 0388928863
Humanistische Bibliothek *1, rue de la Bibliothèque - Tel.: 0388580720*
Geöffnet vom 1. Juli bis 31. August - Montag, Mittwoch bis Freitag von 9 bis 12 Uhr und 14 bis 18 Uhr - Samstag und Sonntag von 14 bis 17 Uhr - vom 1. September bis 31. Juni - Montag und Mittwoch bis Freitag von 9 bis 12 Uhr und von 14 bis 18 Uhr - Samstag von 9 bis 12 Uhr

Um die Kirchen Ste Foy und St Georges herum sind noch viele alte Häuser erhalten - daneben die humanistische Bibliothek

men. Der Vorhof ist reich mit Säulen, Karnies und verzierten Kapitellen geschmückt. Im Innern stammt die Krypta, die stark von der des Heiligen Grabes in Jerusalem inspiriert ist, zweifellos aus der früheren Kirche. Bei Ausgrabungen hat man hier die Büste der Unbekannten von St. Fides gefunden, die Hildegard von Büren sein könnte. Auf jeden Fall strahlt das Gesicht, auf dem ein leichtes Lächeln ruht, große Sanftmut aus. Einige Meter von Sainte Foy entfernt, befindet sich die Kirche Saint Georges - erbaut zwischen dem 13. und 15. Jh. - die die gesamte Entwicklung des gotischen Baustil veranschaulicht. Sobald man in sie eintritt, wird man von den Glasfenstern des Chors angezogen, die aus dem 15. Jh. stammen und das Leben von

Heiligen darstellen. Fragmente der Empore aus der gleichen Epoche sind ebenfalls noch vorhanden. Die Kanzel aus der Renaissancezeit mit einer Statue von Samson ist beachtenswert.

Nicht weit von hier entfernt steht die Halle aux Blés (Kornhalle). In der ersten Etage dieses Gebäudes befindet sich die berühmte Humanistische Bibliothek von Sélestat. Zusammen mit dem Straßburger Münster und dem Altar von Isenheim gehört sie zu den bedeutendsten Kulturschätzen des Elsass. Eine Besichtigung ist also unerlässlich. Eigentlich besteht sie aus zwei Bibliotheken: einerseits der Pfarrsbibliothek oder Bibliothek der Lateinschule von Sélestat, die ab dem Jahr 1452 gegründet wurde, und andererseits der persönlichen Bibliothek des Humanisten Beatus Rhenanus, der im Jahre 1485 in dieser Stadt geboren wurde. Wunderschöne mittelalterliche Statuen, ein großes Modell der Stadt Sélestat im 16. Jh., Vitrinen, vor denen man rote Veloursvorhänge anheben muss, um einen Blick auf die wertvollen Bände zu werfen, verleihen diesem großen Saal sofort eine besondere Atmosphäre. In den fünf Vitrinen entdeckt man ein merowingisches Lektionar aus dem 7. Jh., die Studienbücher von Beatus Rhenanus, die Werke von Erasmus von Rotterdam, verschiedene Drucke aus Basel und Straßburg und nicht zu vergessen diese Kuriosität: "Die Kosmographie von Saint Dié" aus dem Jahre 1507, in der zum ersten Mal das Wort "Amerika" erwähnt wird.

Zu den zahlreichen Wohnhäusern,

Der Blumenkorso im Juli mit Tausenden von Dahlien : ein Fest, das man nicht verpassen sollte.

die Aufmerksamkeit erregen, gehört die Nr. 8, rue Bornert, das Haus, in dem Beatus Rhenanus seine Kindheit verbrachte, und das Haus Billex im Stil der Spätrenaissance, das ein historischer Ort ist: Ludwig XIV. verbrachte die Nacht vom 14. Oktober 1681 hier und wartete auf die Abgesandten der Stadt Straßburg.

Winstube "Au bon pichet" *10, place du Marché-aux-Choux - Tel.: 0388829665*
Abbaye de la Pommeraie - Hôtel - Restaurant *- Gastronomie 8, boulevard du maréchal Foch - Tel.: 0388920784*
L'Auberge de l'Ill - Illhaeussern Gastronomie *(15 km entf.) - Tel.:0388718900*
La Maison du pain*, rue de Sel Tel.:0388584590 - Ausstellung: Verkostung verschiedenster Brotsorten in einem Museum, das vom Bäckereifachverband des Elsass eröffnet wurde.*

An jeder Straßenecke warten Überraschungen wie dieser kleine Hellebardier.

In der Humanistischen Bibliothek mit einer Büste von Johann Mentel, auch Mentelin genannt.

30 Kintzheim (Kienzheim)

Am Ortseingang liegt das Château Willemin aus dem 18. Jh. Neben der Kirche sind ein Brunnen und ein herrliches Fachwerkhaus aus dem Jahre 1509 erhalten. Auf dem Weg nach Haut-Koenigsbourg (Hoh-Königsburg) muss man unbedingt innehalten und die Burg Kienzheim, ein imposantes Bauwerk aus dem 13. und 15. Jh., besuchen. Der zylindrische Turm erhebt sich über der Ruine und der Kapelle Saint Jacques aus dem 15. Jh., deren Mauern wunderschöne Fresken zieren. Aber das eigentliche Spektakel, bekannt unter dem Namen "Volerie des Aigles", findet bei schönem Wetter im Burghof statt, bei dem beeindrukkende Flugvorführungen mit den Adlern -den Königen der Lüfte - gezeigt werden. Etwas weiter entfernt führt eine Straße nach rechts zu dem alten Forsthaus Wick und zum Affenberg (Montagne des Singes), einem ca. 20 ha großen Freigehege, in dem mehrere 100 Berberaffen aus dem marokkanischen Atlasgebirge leben. Die Tiere, die sich perfekt an das elsässische Klima angepasst haben, sind sehr zutraulich und fres-

Ein kurzer Moment des Glücks.

***Fremdenverkehrsbüro Haut-Koenigsbourg**, Kintzheim, Orschwiller*
Route de Sélestat - Tel.: 0388820990 und 0388821162 - Fax: 0388827970
***Flugvorführungen** - Tel.: 0388928433*
***Affenberg** - Tel.: 0388921109*
***Storchen- und Vergnügungspark** - Route de Sélestat - Tel.: 0388920594*

Die Greifvogel-Flugschau auf dem Burghof beeindruckt die Menge.

sen den Besuchern das Popcorn, welches diese zusammen mit der Eintrittskarte am Eingang kaufen können, aus der Hand. Auf dem Weg zurück nach Kintzheim auf der Straße Richtung Sélestat gibt es eine weitere Attraktion: der Storchen- und Vergnügungspark. Hier treffen wir nicht nur die teils in etlichen Großvolieren, teils völlig frei lebenden Weißstörche, sondern auch Wat- und Wasservögel sowie Kleinsäuger an. Ein kleiner Zug fährt durch den Park und man kann hier auch Minigolf etc. spielen. Kurzum, es ist für jeden Geschmack etwas dabei.

Popcorn naschende Berberaffen.

31 Haut-Koenigsbourg (Hoh-Königsburg)

***Château du Haut-Koenigsbourg** - Tel.:0388824582 (Information) Tel.: 0388825060 (Reservierungen) - Fax: 0388825061 www.monuments-france.fr - Öffnungszeiten: vom 2. Jan. bis 28. Feb. und 1. Nov. - 31. Dez.: 9.30 - 12 Uhr und 13 - 16.30 Uhr 1. März - 30. April und 1. - 31. Okt.: 9 - 12 Uhr und 13 - 17.30 Uhr vom 2. Mai bis 30. Juni und 1. bis 30. Sept.: von 9 - 18 Uhr - 1. Juli bis 31. Aug.: von 9 - 18.30 Uhr. Mittelalterliche Abende von Mai bis Dez. und auf Anfrage das ganze Jahr über Auskünfte unter 0388823780 (Hostellerie du Château du Haut-Koenigsbourg)*

Die Hoh-Königsburg ragt 750 m über dem Rheintal empor. Im 12. Jh. gehörte sie Kaiser Friedrich I. der Hohenstaufen und dessen Bruder Konrad. Mitte des 13. Jhs. ging sie auf die Herzöge von Lothringen, ein Jahrhundert später auf die Straßburger Bischöfe über. Ende des 15. Jhs. ist sie von Oswald und Wilhelm von Thierstein (aus einer Schweizer Grafenfamilie) größtenteils wieder aufgebaut und erneut an die Habsburger verkauft worden. Im Dreißigjährigen Krieg wurde sie dann allerdings von den Schweden in Schutt und Asche gelegt.

Die Festung Haut-Koenigsbourg, die Wilhelm II. wiederaufbauen ließ, ist der Prototyp einer mittelalterlichen Burg, die Tausende von Besuchern anzieht.

Auch als die Hoh-Königsburg 1889 von der Stadt Sélestat Kaiser Wilhelm II. geschenkt wurde, war sie eine Ruine. Letzterer wollte die Dynastie der Hohenzollern, der er angehörte, glorifizieren, aber auch historische Kontinuität demonstrieren, herrschten auf der Burg doch einst die Kaisergeschlechter der Hohenstaufen und der Habsburger. So betraute er den Architekten Bodo Eberhardt mit dem Wiederaufbau. Dieser fand zwischen 1900 und 1908 statt, nachdem der Baumeister eine gründliche archäologische Untersuchung aller Fenster, Ofenkacheln etc., die auf dem Gelände gefunden worden waren, sowie eine Untersuchung aller anderen Burgen der gleichen Epoche durchgeführt hatte, nicht zu vergessen der alten Schriften. Es entstand eine Burg, die zwar nicht in jedem einzelnen Punkt ihrem Vorgänger aus dem 15. Jh. entsprach, aber doch den Prototyp einer mittelalterlichen Festung darstellt. Dies ist auch den Touristen nicht entgangen, denn sie gehört nach dem Eiffelturm und dem

Ein Stich, der die Hoh-Koenigsbourg zeigt.

Mont Saint Michel zu den am meisten besuchten Baudenkmälern in Frankreich.

Die Burg wird von dem hohen Viereckturm beherrscht - das Wahrzeichen der Region - auf dessen Kupferdach ein großer Adler mit gespreitzten Flügeln sitzt.

Es gilt zwei Mauern zu überwinden, bevor man zu den Verwaltungsgebäuden wie der hostellerie (Restaurant, Boutique, Buchhandlung), den Pferdeställen, der Schmiede und der Mühle gelangt.

Hinter der Zugbrücke kann man über die porte des Lions (Löwentor) die Burg betreten. Unter dem Wohngebäude befindet sich ein 62 m tiefer Brunnen. Im Erdgeschoss des Wohngebäudes liegen der Weinkeller und die Küchen. Auf den darüberliegenden Stockwerken die Ritterwohnungen, das Gästeschlafzimmer, die Kapelle. Im westlichen Abschnitt befinden sich die imposantesten Säle wie der Festsaal oder Kaisersaal, der mit Fresken von Leo Schnug geschmückt ist, die die Burg im Jahre 1462 zeigen.

Es folgt das lothringische Zimmer (Chambre Lorraine), das von dem "Haut-Koenigsbourg Verein" vollkommen neu eingerichtet worden ist, um die dieser Epoche eigene Atmosphäre zu schaffen. Der Waffensaal umfasst beeindruckende Rüstungen, Blankwaffen und insbesondere die gefürchtete Armbrust.

In diesem Saal ruft ein mit Fayencen

Die Wappen der Hohenzollern, darunter jene von Kaiser Karl V., schmücken die Südfassade.

Der Kaisersaal, auch Festsaal genannt: im Gewölbe spreizt ein Adler seine Flügel in Richtung der Hohenzollernkrone

Auf der Grundlage der glasierten Keramikkacheln, die bei Ausgrabungen gefunden wurden, konnten von einer Nürnberger Firma die prächtigen Keramiköfen gebaut werden.

Das lothringische Zimmer konnte dank der Spenden der Société d'histoire et d'archéologie de Lorraine (Lothringische Gesellschaft für Geschichte und Archäologie) vollständig eingerichtet werden.

verzierter Ofen große Bewunderung hervor. Er ist nicht der einzige hier, denn praktisch alle Säle der Burg wurden mit Hilfe dieser Öfen beheizt. Im Nordteil befinden sich im ersten Stockwerk die Räume der Marschälle und im zweiten die Suite der Kaiserin, die für die Gattin von Wilhelm II. vorgesehen war. Im Südteil liegen die Thierstein-Gemächer. Die Kapelle befindet sich neben dem Schlafraum. Dieser wurde durch einen Kamin geheizt und besitzt als regelrechte Ausnahme einen Abort. Ein heller Raum schließt an den Schlafraum an, von dem man einen herrlichen Ausblick genießen kann. Nach der Besichtigung des Wohngebäudes kommen wir zurück ins Freie und betreten zunächst den Oberen Garten (Haut-jardin) und sodann das Große Bollwerk (Grand Bastion) mit seinen beiden Türmen. Von hier aus hat man eine sehr schöne Aussicht auf den Großen Belchen, Hohneck und die benachbarten Burgen Frankenbourg, Ramstein und Ortenbourg. Dieser Platz der Burg diente auch schon als Kulisse für eine berühmte Szene in dem französischen Film "La Grande Illusion", der von Jean Renoir im Jahre 1937 mit den Schauspielern Pierre Fresnay, Erich von Stroheim und Jean Gabin gedreht worden ist.

Der Turm rund oder viereckig? Diese Frage wurde beim Wiederaufbau lange diskutiert. Schließlich hat die viereckige Form gesiegt.

Von weitem wacht die Haut-Koenigsbourg über der Ebene, immer von einer Vielzahl von Besuchern angezogen - am Tag wie auch am Abend, wenn im Sommer die Mittelalterlichen Abende stattfinden.

32 Ribeauvillé (Rappoltsweiler)

Dieser Ort - die kleinste Unterpräfektur Frankreichs - war im Mittelalter der Sitz der Grafen von Rappoltstein, einer der mächtigsten Familien Frankreichs.

Im 13. Jh. war die Stadt vollkommen von Mauern umgeben, von der heute nur noch die beiden

Ribeauvillé am Fuße der drei Schlösser, von einem Weinberg gesäumt.

Fremdenverkehrsbüro für die Region Ribeauvillé und Riquewihr
1, Grand' Rue - Tel.: 0389736622 - Fax: 0389732362
Führungen durch Ribeauvillé in einem kleinen Touristenzug - Société d'Animation Touristique - 4, rue St Morand - 68150 Ribeauvillé - Tel.:0389737424 oder 0389737760
Wein- und Weinbaumuseum - Cave Vinicole de Ribeauvillé
2, route de Colmar Tel.: 0389736180
Städtisches Museum *- Place de la Mairie - Tel.: 0389732000*

Der Metzgerturm, der den Hauptplatz überragt.

Storchentürme (Tours des Cigognes) übrig geblieben sind. Der Tour des Bouchers (Metzgerturm) im Ortszentrum bildete den Abschluss eines der vier Stadtviertel, die jeweils von einer eigenen Mauer umgeben waren. Dieser Turm vom ausgehenden 13. Jh., der im 16. Jh. erhöht wurde, ist auf die Grand' Rue (Hauptstraße) gerichtet. Auf dem Platz vor dem Tours des Bouchers steht ein wunderschöner Renaissancebrunnen mit einem kleinen Löwen, der das Wappen von Ribeauvillé trägt. Auf der anderen Seite beherbergt das Rathaus (l'Hôtel de Ville) aus dem 18. Jh. im "roten Salon" eine Sammlung mit dem sog. Ratssilber: Silberbecher und Pokale aus dem 15., 16. und 17. Jh., die der Stadt von der Familie Rappoltstein geschenkt worden sind.

Gegenüber dem Rathaus befindet sich jenseits des Platzes die im Jahre 1412 vom Augustinerorden errichtete Klosterkirche mit ihrem gotischen Portal, das mit einer kleine Rosette verziert ist. Jenseits des Metzgerturms führt die Grand' Rue auf den place de la Sinne mit seinem Brunnen. Rechts führt eine Straße zur gotischen Pfarrkirche hinauf, die von 1282 bis 1473 erbaut wurde. Wenn man der Grand' Rue weiter folgt, kommt man an der ancienne hôtellerie du Soleil mit ihrem Türmchen im Hof vorbei, bevor man den place de la République und den schönen

Renaissancebrunnen erreicht.
Wenn man vom Metzgerturm aus in die andere Richtung spaziert, kann man auf der rechten Seite die alte Kapelle des Hospitals sehen, von der nur noch der Chor übrig ist.

Etwas weiter links befindet sich die halle aux Blés (Kornhalle) mit den beiden Arkaden und dem gotischen Portal. Auf der gleichen Seite steht auch das Ave-Maria-Haus. Es hat einen wunderschönen Erker, der mit der Verkündigung Mariäs geschmückt ist. Im Gedenken an die Bruderschaft der fahrenden Spielleute und Gaukler des Oberelsass, die sich jedes Jahr am 8. September in Ribeauvillé trafen, wird es auch "Pfifferhus" genannt. Noch heute wird der Pfeifertag alljährlich gefeiert und stellt eines der größten traditionellen Feste im Elsass dar. Die drei Weinsorten von den Weinbergen des Ortes - dem Geiberg, Osterberg und Zahnacker - fließen bei dieser Gelegenheit in großen Mengen - es sei denn, man bevorzugt das Mineralwasser Carola, dessen Fabrik am Ortseingang ausgeschildert ist. Überragt wird das Städtchen von den Ruinen der drei Burgen St. Ulrich, Girsberg und Haut-Ribeaupierre.
Die Burg St. Ulrich - erste Residenz derer von Rappoltstein - ist die beeindruckendste. Sie besteht aus einem vierkantigen Turm und einem Wohngebäude aus dem beginnenden 12. Jh. Im darauffolgenden Jahrhundert wurde sie erweitert und es kamen ein zweiter Turm, ein 17 m langer Rittersaal und eine kleine Kapelle, die St. Ulrich geweiht war, hinzu. Auf dem gleichen Weg gelangt man auch zur

Am ersten Sonntag im September feiert Ribeauvillé die fahrenden Spielleute und Gaukler am "Pfifferdaj" (Pfeifertag) - eine Tradition, die bis auf das Mittelalter zurückgeht. Die Flötenspieler, Possenreißer und Akrobaten standen unter dem Schutz der Rappoltsteiner Grafen.

Auf den Weinbergen von Ribeauvillé werden die unterschiedlichsten rassigen Weine angebaut, die man beim Besuch der Weinkellereien oder in den zahlreichen Restaurants der Stadt genießen kann.

Der Gasthof, der den Namen der Hl. Drei Könige trägt, geht bis auf das 16. Jh. zurück.

Haut-Ribeaupierre aus dem 13. und 14. Jh., von der noch der Turm mit seinen Zinnen und ein Teil der Umwallung übriggeblieben sind. Der Legende nach sollen die Burg Girsberg und die Burg Haut-Ribeaupierre einst von zwei Brüdern bewohnt worden sein, die einander zu wecken pflegten, indem jeder dem anderen einen Pfeil in dessen Fensterladen schoss. Eines Morgens schossen sie gleichzeitig, wobei einer der Brüder den anderen tödlich verletzte.

Im Vordergrund von links nach rechts die Burg St. Ulrich, von der noch der vierkantige Turm und ein imposanter Rittersaal übrig sind, steht der Burgruine Gisberg mit ihrem fünfeckigen Turm genau gegenüber. Die Burg Haut-Ribeaupierre überragt sie beide.

33 Riquewihr (Reichenweier)

Angeschmiegt an die Weinberge, die seinen Reichtum ausmachen, liegt das Städtchen Riquewihr, einer der attraktivsten und meistbesuchten Orte des Elsass.

Die Weinreben ziehen sich entlang der Stadtmauer des einstmals befestigten Städtchens.

Information

Fremdenverkehrsbüro der Region Ribeauvillé und Riquewihr
2, rue de la 1ère Armée - Tel.: 03820360922 - Fax: 0389490849
officedetourismepays@wanadoo.fr
Elsässisches Postmuseum - Château des Princes de Wurtemberg-Montbéliard *- Anfang April bis Mitte November: geöffnet täglich von 10 bis 12 Uhr und von 14 bis 17.30 Uhr außer Dienstag*
Postkutschenmuseum *- gleiche Öffnungszeiten*
Musée Hansi *- 16, rue du Général de Gaulle - vom 1. April - 31. Dez.: täglich von 10.30 - 18 Uhr : Mo. von 14 - 18 Uhr, vom 1. Feb. - 31. März von 14 - 18 Uhr außer Mo.*
Musée du Dolder *- rue du Général de Gaulle - von Karfreitag bis 1. Juli und vom 1. September bis Mitte Oktober: Samstag, Sonntag und an Feiertagen von 10.15 bis 12.30 Uhr und von 14 bis 18.30 Uhr - vom 1. Juli bis 31. August - täglich zu den gleichen Zeiten*
Tour des Voleurs *- von Karfreitag bis Mitte November: täglich von 10.15 bis 12.30 Uhr und von 14 bis 18.30 Uhr*

HOTEL
du
DOLDER
J.J. Mérius
RESTAURANT
BRASSERIE
FEERIE DE NOEL
FEERIE DE NOEL

Mehr noch als das Wasser aus dem Brunnen machen die Spitzenweine von den Hängen Schoenenbourg und Sporen den Ruf von Riquewihr aus.

← Die 25 m hohe Porte de Dolder (Dolder-Tor) beherbergt das Historische Museum.

Dieser ehemalige Besitz der Grafen und späteren Herzöge von Württemberg-Mömpelgard (Wurtemberg-Montbéliard) bildet innerhalb seiner wohlerhaltenen Mauern eine überraschend geschlossene Einheit, die man sich zu Fuß erwandern kann. Im Osten tritt man unter dem Torbogen des Rathauses in die Stadt ein und fühlt sich sofort in eine Atmosphäre des Mittelalters und der Renaissance versetzt.

Riquewihr hat mindestens fünf Museen: ein Rekord für einen kleinen Ort mit 1200 Einwohnern. Das erste, das Postmuseum, befindet sich im ehemaligen Schloss der Herzöge von Württemberg-Mömpelgard, die von 1324 bis 1796 hier regierten. Eine Postkutsche aus den 1830er Jahren weist am Eingang darauf hin, das Postkutschenmuseum selbst befindet sich allerdings ein Stückchen weiter den Berg hinauf in den früheren Pferdeställen.

Die ganze Hauptstraße säumen malerische Häuser aus Naturstein oder Fachwerk, die größtenteils aus dem 16. und 17. Jh. stammen. Wunderschöne Schilder beleben die Straßen, die meistens von Jean-Jacques Waltz, genannt Hansi (1873 - 1951), dem berühmten Grafiker, Karikaturisten und Schriftsteller stammen, der hier auch sein eigenes Museum hat, das in dem pittoresken Haus "Nid de Cigogne" (Storchennest) untergebracht ist.

Die Grand-Rue ist die Hauptstraße, die vom Rathaus zum Obertor führt.

Besonders auffallend sind die Schilder von Waltz, die er für Preiss, Zimmer und Hugel in Riquewihr gemacht hat: auf dem einen lädt ein korpulenter, kleiner Herr, der im Stil von 1830 gekleidet ist, dazu ein, den Elsässer Wein zu probieren. Die Seite des Schildes schmücken anmutig verzierte Weinreben und kleine Schnecken. Im Hintergrund: das Dolder-Tor und der Diebsturm (Tour des Voleurs), die daran erinnern, dass man sich in Riquewihr befindet. Das andere Schild zeigt eine Familie bei der Weinlese sowie - auf der anderen Seite - eine Schnecke und ein Weinmesser, die beiden Wahrzeichen der Winzer. Jean-Jacques Waltz gab sich nie damit zufrieden, seine Zeichnungen nur auf dem Papier auszuarbeiten, sondern kehrte in der Regel mehrere Male an den Ort, an dem sie aufgehängt werden sollten zurück, um sicherzugehen, das seine Schilder mit den umliegenden Fassaden in einem perfekten

Gleichgewicht stehen.
Am Ortsende angelangt, wird die zweifache Ummauerung der Stadt von dem Doldertor abgeschlossen, einem stattlichen Tor aus dem ausgehenden 13. Jh., in dem sich heute das Historische Museum befindet. Hinter dem Dolder liegt das Obertor oder Porte Supérieure für die zweite Stadtumwallung aus dem 16. Jh. Hier in der Nähe steht auch der Tour des Voleurs (Diebsturm) mit einer ehemaligen Folterkammer, die man besichtigen kann.
Aber hier in Riquewihr muss man auch durch die kleinen Nebengassen flanieren, die nicht so überlaufen sind. Fast auf Schritt und Tritt begegnet man einem malerischen Haus, Brunnen, Hof oder Portal, einem verwinkelten Erker, der beachtenswert ist. In der rue des écuries gibt es einige Häuser

Man sollte auch den kleinen Nebengassen einen Besuch abstatten, die ebenfalls mit architektonischen Schätzen aufwarten können.

Das Postkutschenmuseum, das in den ehemals herrschaftlichen Reitställen untergebracht ist.

Das historische Postmuseum überrascht immer wieder mit neuen Ausstellungen, die den Besucher in Erstaunen versetzen.

aus dem 16. Jh., von denen ein Fachwerkhaus als das älteste im Elsass gilt. In der rue des Trois Eglises gibt es nur noch die kunsthistorisch wenig bedeutende evangelische Kirche, die beiden anderen, St. Erhardt und Notre Dame, sind während der Reformation in Wohnhäuser umgebaut worden, doch haben sie noch einige Spuren ihrer ursprünglichen Zweckbestimmung bewahrt.

Über eine Treppe am cour des Juifs, einem früheren Ghetto, gelangt man zu dem Tour des Voleurs (Diebsturm). Zum Schluss sollte man noch einen Blick in die rue Latérale und die rue de la Première Armée werfen, in der sich die frühere Badeanstalt und der cour de Strasbourg befinden.

Der Ruf des Winzerstädtchens ist nicht zu überbieten: der Clos des

Ein Schild des berühmten Illustrators Hansi.

Sorcières oder der Rosenbourg sind elsässische Weine, die sehr geschätzt werden. Es ist besonders empfehlenswert, Riquewihr - das zu den 5 meistbesuchten Städten in Frankreich gehört - zur Zeit der Weinlese zu besichtigen.

La Cave Hugel et Fils
3, rue de la Première Armée
Tel.: 0389479215
Winstube Au Tire-Bouchon
29, rue du Général de Gaulle
Tel.: 0389479161 · Fax: 0389479939
Le Sarment d'Or
4, rue du Cerrf - Tel.: 0389479285

Wie alle anderen Dörfer im Elsass bereitet sich auch Riquewihr auf Weihnachten vor.

Hunaweier

Die Kirche von Hunawihr ist eine Simultankirche, die sich Protestanten und Katholiken teilen. Sie ist von einem befestigten Friedhof mit sechs runden Schalentürmen umgeben, der zu den besterhaltenen seiner Art im Elsass gehört. Der Glockenturm der Kirche aus dem 15. Jh. diente als Wachtturm. Am Fuße des Hügels steht der Huna-Brunnen, der seine eigene Legende hat: in einem besonders mageren Weinjahr soll Huna, die mit der Hl. Odilie verwandt gewesen ist, das Wasser des Brunnens in Wein verwandelt haben. Das ganze Dorf eilte herbei, um Kübel und Fässer damit zu füllen. Hunawihr besitzt auch einen parc de cigognes (Storchenpark), der im Zusammenhang mit den Bemühungen um die Wiedereinbürgerung dieses Vogels im Elsass angelegt wurde, sowie einen Schmetterlingspark mit exotischen Schmetterlingsarten.

Ein heimisch gewordener Zugvogel.

←Der Turm aus dem 13. Jh. besitzt eine Glocke, die noch heute zwei Mal täglich geläutet wird

Ein Dorf umgeben von Weinbergen. Über allem thront der Wacht- und Glockenturm seiner befestigten Kirche.

34 Kaysersberg

Die Stadt hat ihren Namen von der Burg erhalten, deren runder Bergfried über dem Ort wacht, und im Zeitalter der Hohenstaufen errichtet wurde. Zwei große Namen sind mit diesem malerischen Städtchen verbunden, das zu den zehn Städten der Dekapolis gehörte: Johann

Ein kleiner, mit einem Brunnen verzierter, Platz mit der Statue von Kaiser Konstantin. Dahinter das romanische Portal der Kirche Sainte-Croix (Heiligkreuzkirche), die sehr sehenswert ist.

Information

__Fremdenverkehrsbüro Kaysersberg__ - 39, rue du Général de Gaulle - Tel.: 0389782278 - Fax: 0389782744 - e-mail: info@kaysersberg.com www.kaysersberg.com - Geöffnet vom 1. Juli bis 31. August von Montag bis Freitag von 8.30 Uhr bis 18.30 Uhr - Samstag von 9 bis 12 Uhr und von 14 bis 18 Uhr Sonntag und an Feiertagen von 10 bis 12 Uhr und von 14 bis 16 Uhr. Vom 1. September bis 30. Juni Montag bis Freitag von 9 bis 12 Uhr und von 13 bis 17.30 Uhr Samstag von 9 bis 12 Uhr und von 14 bis 17 Uhr.
__Historisches Museum__ - 64, rue du Général de Gaulle - Tel.: 0389781111 - Geöffnet vom 1. Juli bis 31. August täglich von 10.30 bis 12 Uhr und von 14 bis 18 Uhr.
__Albert Schweitzer Museum__ - 126, rue du Général de Gaulle - Tel.: 0389473655

Von dieser befestigten Brücke mit kleinem Oratorium aus hat man einen atemberaubenden Blick auf die Ruine der einstigen Kaiserburg.

Das Pfarrhaus mit dem kleinen Türmchen, in dem Albert Schweitzer 1875 geboren ist.

Musiktheoretiker, Schriftsteller, Arzt - Albert Schweitzer hat 1952 den Friedens-nobelpreis erhalten. In Kaysersberg wird ein regelrechter Kult um ihn betrieben.

Neben seinem Geburtshaus steht ein kleines Museum, das Albert Schweitzer gewidmet ist.

Mit Erkern verzierte Fachwerkhäuser schmücken das Ortsbild von Kaysersberg - eine architektonische Augenweide.

Geiler, berühmter Straßburger Münsterprediger (1445 - 1510), und Albert Schweitzer (1875 - 1965), Arzt in Lambarene (Gabun) und Friedensnobelpreisträger im Jahre 1952.

Einen besonders schönen Blick auf die Burgruine hat man von der Weissbrücke aus, die von einem kleinen Oratorium geziert wird. Am westlichen Rand der Altstadt steht das Geburtshaus von Albert Schweitzer. Direkt daneben liegt ein kleines Museum, das ihm gewidmet ist.

Auf dem Platz der Heiligkreuzkirche (Eglise Sainte-Croix) steht ein Brunnen aus dem 15. Jh. mit einer Statue von Kaiser Konstantin, der das Kreuz Christi hält. Wir treten durch das Hauptportal, das aus dem Jahre 1230 stammt, in die Kirche ein. Ihr Tympanon zeigt die Krönung Mariä. Das Innere ist ein wahres Museum mittelalterlicher Skulpturen. Im Chorbogen hängt ein mächtiger Kruzifix, flankiert von Maria und Johannes, aus dem 15. Jh. Das wohl imposanteste Kunstwerk aber ist der große Flügelaufsatz auf dem Hauptaltar, deren 14 geschnitzte Reliefs das Leben Christi zeigen. Über diesem Meisterwerk von Hans Bongartz aus Colmar (1518) erheben sich die Statuen des Hl. Christoph, der Hl. Helene und der Hl. Margarethe. Die Rückseite schmückt Malerei aus dem Jahre 1622 mit der Kreuzeserfindung und Kreuzeserhöhung.

Kaysersberg verdankt seinen Reichtum der im Zeitalter der Hohenstaufen gebauten Burg.

Neben der Kirche steht die kleine Kapelle Saint-Michel (Michaelskapelle) - die frühere Friedhofskapelle. Im Untergeschoss enthält sie ein Beinhaus mit über 20000 Knochen. Eine mit einem Totenkopf verzierte Weihwasserschale trägt die Aufschrift: "Hier ruht der Meister neben seinem Diener". Auf dem kleinen Friedhof daneben erregen ein Kreuz Pestkranker, eine Todeslaterne und ein Bildstock die Aufmerksamkeit.
Das Hôtel de Ville (Rathaus), ein Renaissancebau aus dem Jahre 1604, zeugt mit seinem zweistöckigen Erker und den Holzgalerien im Innenhof von dem Reichtum dieses Winzerstädtchen. Das Museum der Stadt, in dem vorwiegend Bildhauerkunst aus der Zeit der Gotik und des Barock bewundert werden kann, befindet sich in einem wunderschönen Haus aus dem Jahre 1521.
Zu den Kuriositäten in diesem Museum zählt ein Paar mit Nägeln bestückte Holzschuhe, die von einem Buße tuenden Eremiten getragen worden sein sollen.
Man darf Kaysersberg nicht verlassen, ohne einen Blick auf den Renaissancebrunnen aus dem Jahre 1618 geworfen zu haben, der im Innenhof des Hauses Nr. 54 der Grand Rue steht. Hier lautet eine Inschrift: "Wenn Du dich mit Wasser volltrinkst, so läßt das Deinen Magen gefrieren; ich rate Dir, einen guten alten Wein zu trinken und mir mein Wasser zu las-

sen". Ein guter Rat an einem Ort, der sich rühmen kann, als erster im Jahre 1975 die Appellation Grand Cru (Bezeichnung für einen Spitzenwein) bekommen zu haben. Im Dezember darf man den Marché de Noël (Weihnachtsmarkt) von Kaysersberg auf keinen Fall verpassen.

Le Chambard
9-13, rue du Général de Gaulle
Tel.: 0389471017
Fax: 0389473503 - Hôtel - Restaurant und Weinstube
Domaine Weinbach Clos des Capucins
25 route des vins - Tel.:0389473818
Besichtigung auf Anfrage

Die Stadtmauer ist im Jahre 1227 auf Befehl Friedrichs II. errichtet worden.

35 Colmar

Die Stadt Colmar ist die Hauptstadt des Départements Haut-Rhin und hat 90 000 Einwohner. Unter Kaiser Ludwig dem Frommen im Jahre 823 wird das Wort Colombarium zum ersten Mal erwähnt. Es handelte sich dabei wahrscheinlich um das Taubenhaus einer gallo-romanischen Stadt. Der Name wurde seither in abgewandelter Form beibehalten. Seine eigentliche Blütezeit erlebte Colmar allerdings erst im 13. Jh. Die erste Stadtmauer wurde im Jahr 1220 gebaut und einige Jahre später verlieh Kaiser Friedrich II. ihr den Titel und die Privilegien

Um die Stiftskirche St. Martin (Collégiale St. Martin) herum schmiegt sich das alte Colmar mit seinem unvergleichlichen Charme.

Information

Fremdenverkehrsbüro Colmar und seine Region *4, rue d'Unterlinden Tel.: 0389206892 - Fax: 0389206914 · info@ot-colmar.fr*
Bartholdi-Museum *- 30, rue des Marchands - Tel.: 0389419060*
Spazierfahrten mit den Flachkähnen auf der Lauch *12a, rue de la Herse - Tel.: 0389410194*
Spielzeug- und Modelleisenbahnmuseum *- 40, rue Vauban - Tel.:0389419310*
Unterlinden-Museum *1, rue d'Unterlinden - Tel.: 0389418923 oder 038920 1550*

einer Reichsstadt. Nachdem das Elsass wieder zu Frankreich kam, wurde Colmar zum Sitz des Elsässischen Fürstenrats (Conseil Souverain d'Alsace), einem Gerichtshof, der für die gesamte Provinz zuständig war. Deshalb untersteht Straßburg auch heute noch dem Cour d'Appel de Colmar (Berufungsgericht in Colmar). In der Zeit Napoleons schmückte sich Colmar mit neun Generälen, die in dieser Stadt geboren sind, darunter General Rapp, nach dem einer der Hauptplätze in der Stadt benannt ist. Andere berühmte Persönlichkeiten sind: der große Maler Martin Schongauer (1450 - 1491), Auguste Bartholdi (1834 - 1904) - der die Freiheitsstatue in New York geschaffen hat - und der Karikaturist Jean-Jacques Waltz, genannt Hansi (1873-1951).
Wir beginnen die Besichtigung Colmars mit dem Besuch des

Das Kloster Unterlinden ist heute eines der meistbesuchten Museen Frankreichs.

Musée d'Unterlinden (Unterlinden-Museum), einem der ganz großen Museen Frankreichs, das sich in

Die Innenstadt von Colmar kann man bei einem Rundgang durch die Fußgängerzone sehr schön besichtigen.

Der von Mathias Grünewald um 1515 gemalte Isenheimer Altar zeigt eine dramatische Kreuzigung.

dem ehemaligen Dominikanerkloster befindet, das im 13. Jh. gegründet worden ist. Dieses Kloster ist im 14. und 15. Jh. ein sehr wichtiges Zentren des Mystizismus gewesen.

Der Eingang zum Museum befindet sich an der place d'Unterlinden, den ein kleiner Garten und ein wunderschöner Renaissancebrunnen ziert. Zunächst stößt man auf "les primitifs" alsaciens, die von drei großen Künstlern repräsentiert werden: Mathias Grünewald, Martin Schongauer und Gaspart Isenmann. Innehalten wird man unbedingt vor dem Isenheimer Altar, der von Grünewald um 1515 für den Konvent der Antoniten von Isenheim gemalt worden ist. Dieser Orden heilte den Schmerz der Augen, der durch das Mutterkorn hervorgerufen wurde. Das Werk Grünewalds umfasst 11 Tafeln, die entsprechend dem Ablauf des Kirchenjahres jeweils einzeln geöffnet wurden. Das Hauptwerk zeigt mit großem Realismus und großer Vehemenz den Tod Christi mit Maria Magdalena, der Jungfrau und dem Hl. Johannes auf der einen und Johannes dem Täufer auf der ande-

ren Seite. Berühmtheit erlangte das Werk wegen seiner für die damalige Zeit ungewöhnlichen Farbgebung und der nahezu surrealistischen Darstellungskraft.
Das Werk des 30 Jahre jüngeren Martin Schongauers bildet in seiner Zartheit und Harmonie einen beeindruckenden Kontrast zu dem Grünewalds. Nachdem man die Werke dieser Meister rheinischer Malerei bewundert hat, sollte man auch den Rahmen, innerhalb dessen sie gezeigt werden, nicht übersehen: die Dominikanerkapelle aus der Mitte des 16. Jhs. mit dem Kloster aus der gleichen Epoche und dem "puits au vin" (Weinbrunnen) aus dem 16. Jh.
In unmittelbarer Nähe gegenüber dem Theater sind von dem ehemaligen couvent de Sainte-Cathérine (Konvent der Hl. Katharina) aus dem 14. Jh. , das im 18. Jh. umgebaut wurde, noch das Kloster und ein Teil der Kirche mit einer wunderschönen Decke aus dem 18. Jh. erhalten.
Hinter dem Konvent gelangt man in die rue des Boulangers (Bäckergasse) mit ihren malerischen Fachwerkbauten. Vorher jedoch ist ein Blick in die rue des Têtes unerlässlich, in der das Haus gleichen Namens steht - das Kopfhaus -der schönste Renaissancebau in Colmar, der mit 106 Köpfen und Masken, vor allem am Erker, verziert ist. Von der rue des Boulangers aus gelangt man in die rue Berthe Molly, in der sich neben dem Haus Nr. 10 aus dem 18. Jh., in dem Voltaire gewohnt hat, ein wunderschöner Hof, der mit einer Holzgalerie aus dem Jahre 1598 geschmückt ist, zeigt. Die rue des

Das Maison des Têtes (Kopfhaus), erbaut um 1608, ist an der Fassade über zwei Etagen hinweg jeweils in den Erkern mit Köpfen verziert. Ganz oben steht ein Küfer. Auguste Bertholdi hat die Figuren um 1902 herum geschaffen.

Boulangers mündet rechts auf den place des Dominicains (Dominikanerplatz).

In der Ende des 13. Jhs. gebauten Eglise des Dominicains (Dominikanerkirche), deren Chor aus dem 15. Jh. stammt, finden sich beachtenswerte Glasmalereien aus dem 14. und 15. Jh.. Die Hauptsehenswürdigkeit der Kirche aber ist am Anfang des Chorraums zu finden: die Madonna im Rosenhag - eines der Meisterwerke von Martin Schongauer.

Im Norden schließt an die Kirche das einstige Dominikanerkloster (aus dem 15. Jh.) - heute eine der umfassendsten Bibliotheken Frankreichs - an. Das Gebäude ist mit Wandmalereien aus jener Epoche geschmückt.

Über die rue des Serruriers (Schlossergasse) gelangt man zur Eglise Saint-Martin (Stiftskirche St. Martin) aus dem 13. und 14. Jh. Ganz aus gelbem Sandstein, 73 m lang, 24 m breit und 21 m hoch, ist sie die größte im Département Haut-Rhin. In Erinnerung an die Epoche nach der Revolution, als sie Bischofssitz war, wird sie von den Colmarern auch gerne als Kathedrale bezeichnet. Das Portal der Hauptfassade ist mit einem Tympanon verziert, das die Huldigung der Hl. Drei Könige zeigt - darüber das Jüngste Gericht. Südwestlich von der Stiftskirche St. Martin steht eine Gruppe malerischer alter Häuser: das Ancien Corps de Garde (Gerichtslaube) mit dem wunderschönen Renaissanceportal und der Loggia aus dem ausgehenden 16. Jh., das Maison Adolphe, das älteste

Auf dem Platz der Ancienne-Douane steht der von Bartholdi 1897 erbaute Brunnen. Er ist mit der Bronzeskulptur des Generals Lazarus von Schwendi geschmückt.

Nahaufnahme des um 1537 erbauten und mit Rundbildern verzierten Maison Pfister.

Ein Stich, der das Pfisterhaus insgesamt zeigt.

erhaltene Privathaus der Stadt, auch wenn sein Erdgeschoss im 16. Jh. umgebaut und ein 3. Stockwerk im 17. Jh. hinzugebaut worden ist. Das Maison Pfister (Pfisterhaus) an der Ecke der rue des Marchands stammt aus dem Jahre 1537. Mit seinem Erker, seiner Holzgalerie und der mit Arabesken und Rundbildern verzierten Fassade gehört es zu einem der hinreißendsten Häuser in Colmar. Die rue des Marchands wird gänzlich von alten Häusern gesäumt: die Nr. 30 - das Geburtshaus von Auguste Bartholdi - beherbergt heute ein Museum mit Erinnerungen an den berühmten Bildhauer; die Nr. 32, la Maison à la Rose, stammt aus dem 16. Jh., die Nr. 36, das Maison de la Viole aus dem 15. Jh. In ihm soll Schongauer geboren sein. Die rue Marchands endet mit einer wunderschöne Gruppe von Fachwerkhäusern und mündet auf die l'Ancienne Douane (Zollhaus), auch "Koifhus" (Altes Kaufhaus) genannt, aus dem Jahre 1480 - im 16. Jh. das Handelszentrum Colmars. Im Erdgeschoss wurden Waren gelagert, der 1. Stock diente als Rathaus. Gegenüber dem Koifhus auf der place de l'Ancienne Douane steht der Brunnen mit der von Bartholdi geschaffenen Statue des Lazarus von Schwendi, der aus den Türkenkriegen von Ungarn die Tokayerrebe ins Elsass mitgebracht haben soll. Eine Seite des Koifhus zeigt auf den place du Marché-aux-Fruits (Obstmarkt) mit dem Maison Kern aus der Renaissance und dem ehemaligen Palais du Conseil

Restaurant
Fer Rouge
au vieux pignon

Souverain d'Alsace (Palast des Elässischen Fürstenrats).
Die rue des Tanneurs (Gerberstraße) führt in das Viertel gleichen Namens, das hervorragend restauriert worden ist. Man überquert die Lauch, folgt dem Quai und gelangt zur rue de la Poisonnerie. In dem Viertel Petite-Venise, das daran anschließt, säumen wunderschöne Häuser das Ufer der Lauch. Von der Petersbrücke (Pont Saint Pierre) aus hat man einen sehr schönen Blick auf diesen ruhigen Winkel Colmars, der am Abend auch angeleuchtet wird. An der Flußbiegung der Lauch und dem boulevard Saint Pierre existieren noch Überreste der alten Stadtmauer aus dem 13. Jh., die im 16. Jh. erneuert wurden, bevor sie ab 1673 zerstört worden ist. In der rue du Manège steht das Lycée Bartholdi, ein ehemaliges Jesuitenkloster. Diese Straße führt auf den place des Six-Montagnes-Noires. In der Nähe steht das ehemalige Basler Domstift aus dem 18. Jh. Wir biegen in die Grand-Rue ein: die Nr. 74 und 76 sind zwei wunderschöne Häuser aus dem 18. Jh. Rechts geht es in die rue Saint Jean, die bis zur Ancienne Douane führt. Auf dem Weg dorthin kommt man an dem Hôtel des Chevaliers de Saint-Jean (Johanniterhaus) mit seinen zwei Holzgalerien aus dem Jahre 1608 - einem der originellsten Renaissancehäuser der Stadt - vorbei. Wieder auf der Grand-Rue jen-

In Colmar gibt es noch sehr viele gut erhaltene alte Fachwerkhäuser: eine Augenweide für den Photographen!

seits der Ancienne Douane: links an der Ecke zur rue de l'Eglise ein Renaissancehaus mit einem mit Skulpturen verziertem Erker. Auf der anderen Seite das Maison des Février, erhebt sich die Fassade des Ancien Hôpital (ein ehemaliges Bürgerspital). Die rue du Chasseur führt zum place Jeanne d'Arc, auf dem es gleichermaßen

Im Juli und August sollte man unbedingt eine Fahrt auf den Kanälen unternehmen.

Arcades, ein mit Erkern geschmückter Arkadenbau mit zwei achteckigen Türmchen in den (1608). Etwas weiter unten die Franziskanerkirche (Eglise des Franciscains) aus dem 14. und 15. Jh. Ihre Empore ist mit einem Holzkruzifix aus dem beginnenden 16. Jh. geschmückt. Hinter der Kirche, auf dem place du 2 noch einige alte Häuser zu sehen gibt. In unmittelbarer Nähe - die Nr. 7 in der rue Vauban - das Haus der ehemaligen Bauernzunft mit dem skulpturenverzierten Portal aus dem Jahre 1626. Die rue des Clefs führt am Hôtel de Ville (Rathaus) (18. Jh.) vorbei zum Unterlinden-Museum, dem Ausgangspunkt dieses Spaziergangs.

Restaurant au Fer Rouge
32, Grand 'Rue
Tel.: 0389413724
Caveau Saint-Pierre - *24, rue de la Herse - Petite Venise - Tel.:0389419933*
Schwendi - *23, 25 Grand-Rue Tel.:0389236626*
Domaine viticole de la ville de Colmar
2, rue de Stauffen - Tel.: 0389791187

Le Rendez-Vous de Chasse - Gastronomie im Grand Hôtel Bristol
7, place de la Gare - Tel.: 0389411010 an der gleichen Anschrift: L'Auberge Tel.:0389235959 Hôtel - Restaurant
La Maison des Tête - *19, rue des Têtes Tel.:0389244343 - Hôtel - Restaurant*

Das ehemalige Viertel der Gemüsehändler, das den Namen Klein-Venedig sehr wohl verdient.

36 Turckheim (Türkheim)

Nachdem es zur Abtei von Münster gehört hatte, befreite sich Türkheim, und wurde im Jahre 1312 Reichsstadt, anschließend Mitglied der Dekapolis (des Zehnstädtebundes). Wenn man durch die Porte de France (Untertor), auf deren steilem Dach ein Storchennest erkennbar ist, hereinkommt, befindet man sich auf einem kleinen Platz, auf dem ein Brunnen aus dem 18. Jh. steht, der mit der Jungfrau Maria mit dem Kinde geschmückt ist. In unmittelbarer Nähe steht die Alte Wache (D'Wacht) aus dem 16. Jh. Von Mai bis Oktober macht um 22 Uhr ein singender Nachtwächter von hier aus seinen Rundgang durch das angestrahlte Städtchen. Von der Stadtbefestigung sind noch drei mittelalterliche Tore, ein imposan-

Ortseingang von Turckheim durch das Untertor (Porte de France) aus dem 14. Jh., auf dem sich das traditionelle Storchennest befindet.

Information

Fremdenverkehrsbüro Turckheim und Umgebung
Corps de Garde - Tel.:0389273844
Fax: 0389808322 - E-Mail: ot.turckheim@wanadoo.fr

Ein imposantes Hôtel de Ville (Rathaus) mit seinem für die Renaissance typischen, wülstigen Giebel.

tes Hôtel de Ville (Rathaus) aus 1595 und eine Kirche erhalten, die noch ihren romanisch-gotischen Glockenturm besitzt. Dieser ist mit einem Weinfaß und einer Wetterfahne in Form eines Sterns, dem Symbol der Küfer, verziert. In der Nähe der Porte de Munster erinnert ein Denkmal an den Sieg, den Turenne 1675 über die Kaisertruppen erzielte. Die Porte de Brand verdankt ihren Namen dem Grand Cru, der auf dem Weinberg rund um das Städtchen wächst. Wenn man durch die Hauptstraße und die kleinen Gäßchen von Türkheim spaziert, entdeckt man viele hübsch verzierte Fachwerkhäuser, so zum Beispiel l'Hôtel des Deux Clefs (Gasthaus zu den Zwei Schlüsseln) aus dem Jahre 1630. Auch sehenswert ist das Château du Hohlandsbourg auf der Fünfburgenstraße zwischen Wintzenheim und Eguisheim. Von diesem ehemaligen Lehngut der Habsburger, mit dessen Bau in 1279 begonnen wurde, stehen noch Fassadenteile mit Schießscharten, die der Zerstörung der Burg im Dreißigjährigen Krieg nicht zum Opfer fielen.

37 Eguisheim (Egisheim)

Die Stadt ist in konzentrischen Kreisen um die Burg herum gebaut, die einst im Besitz der berühmten Familie von Eguisheim war, der auch Bruno Graf von Egisheim, der spätere Papst Leo IX. (1048 bis 1054), angehörte. Bevor man die Stadt selbst betritt, ist es empfehlenswert, einen Rundgang entlang der kreisförmigen Stadtmauer zu machen. Auf dem Hauptplatz (place principale) bilden die Wasserburg und die Kirche den Ortskern. Von der ursprünglichen Burg sind nur noch Teile der Ringmauer erhalten, die übrigen Elemente - Palast und Kapelle - wurden im 19. Jh. wiederaufgebaut. Aus der gleichen Epoche stammt auch die wiederaufgebaute Kirche, von der dennoch ein romanischer Glockenturm aus gelbem Sandstein erhalten sind. Im übrigen kann man

Das kleine Winzerstädtchen wurde in konzentrischen Kreisen um seine Wasserburg herum gebaut. Entlang der kreisförmigen Stadtmauer ist ein Rundgang ausgeschildert.

Information

Fremdenverkehrsbüro Eguisheim und Umgebung *- 22 A, Grand'Rue Tel.:0389234033 - Fax: 0389418620 - Führungen (F-D-GB) durch Eguisheim in einem kleinen Touristenzug: im Juli, Aug., Sept.: täglich von 10 - 18 Uhr - im Mai, Juni, Okt.: an Wochenenden, Feiertagen und nach Reservierung - Abfahrt vor dem Bürgermeisteramt und vor dem Fremdenverkehrsbüro.*

Leo IX., einziger Papst aus dem Elsass, ist in Eguisheim geboren. Seine Statue ziert den Hauptbrunnen der Stadt.

Reich verzierte Schilder laden zur Einkehr ein.

durch die Straßen des Örtchens spazieren und alte, wunderschön geschmückte Fachwerkhäuser zwischen dem 16. und 18. Jh. bewundern. Überall stehen zauberhafte Brunnen wie der Jungfrauenbrunnen (1542) auf der placette de la marché. Doch mehr noch als das Wasser macht der Wein den Ruf von Eguisheim aus: seine Weinberge, die zu den größten im Elsass gehören, erstrecken sich über 300 ha. Das Örtchen wird von drei Burgen überragt: Weckmund, Wahlenbourg und Dagsbourg, die zwischen dem 11. und 13. Jh. von den Grafen von Egisheim erbaut worden sind.

Restaurant Caveau d'Eguisheim
3, place du Château St. Léon
Tel.: 0389410889

Die drei Burgen, die über dem Winzerstädtchen thronen: Weckmund und Wahlenbourg sind mit der Dagsbourg durch eine gemeinsame Mauer verbunden.

38 Munster (Münster) Col de la Schlucht

Der Ursprung der Stadt geht auf ein im 7. Jh. gegründetes Benediktinerkloster zurück, wovon sich auch der Stadtname ableitet (lat."monasterium" = Kloster). Auf dem Marktplatz steht das Hôtel de Ville (Rathaus) aus dem Jahre 1550, das mit einem Doppeladler geschmückt ist, der darauf hinweist, dass Münster zum Zehnstädtebund (Dekapolis) und zum Heiligen Römischen Reich Deutscher Nationen gehörte. Ein

Am äußersten Ende des Marktplatzes erhebt sich die Protestantische Kirche, die im neoromanischen Stil zwischen 1867 und 1873 erbaut wurde.

Information

Fremdenverkehrsbüro
1, rue du Couvent - Tel.: 0389773180 - Fax: 0389770717
Verwaltungsgebäude des Regionalen Naturparks Vogesenbelchen
1, Cour de l'Abbaye - Tel.: 0389779034 - Fax: 0389779030

Hochgebirgslandschaft in der Nähe von Schiessrothried.

Rast auf einem Bauerngehöft.

weiterer Geschichtsrückblick: der Löwenbrunnen aus dem Jahre 1576 erinnert an das Recht der freien Religionsausübung der Protestanten, nachdem die Bevölkerung bis dahin der Abtei unterstand. Unmittelbar daneben steht noch ein Flügel des ehemaligen Abtshauses, in dem heute das Verwaltungsgebäude des Parc Naturel Régional des Ballons des Vosges (Verwaltungsgebäude des Regionalen Naturparks Vogesenbelchen) untergebracht ist. Hier kann man eine

Dauerausstellung besuchen. Was den berühmten Münsterkäse betrifft, der in dem Tal gleichen Namens hergestellt wird, so ist er unter dieser Bezeichnung seit dem 16. Jh. bekannt. In unmittelbarer Nähe von Münster, an der Vogesenkammstraße (Route des Crêtes), befindet sich auch der Col de la Schlucht, mit 1130 m der höchste Gebirgspass auf dem Kamm der Nordvogesen. Er ist auch ein beliebtes Wintersportgebiet. Die D417, die über dem Gebirgspass verläuft, wurde zwischen 1842 und 1869 gebaut und diente den Kaisertruppen Wilhelm II. als Manövergebiet.

Hôtel- Restaurant Verte Vallée *10, rue Alfred Hartmann - Parc de la Fecht - Tel.:0389771515*
Restaurant à L'Alsacienne *- 1, rue du Dôme - Tel.: 0389774349*
Ferme - Auberge de Lameysberg *68380 Breitenbach - Tel.:0389773530 - Fax: 0389770454 (10 km von Munster entfernt über die D10)*

Die Vogesen sind ein beliebtes Wintersportgebiet.

39 Neuf-Brisach (Neubreisach)

Die Stadt Neuf-Brisach wurde im Jahre 1698 nach dem Vertrag von Rijswijk gegründet, der Ludwig XIV. verpflichtete, Vieux-Brisach (heute Breisach am Rhein) dem Kaiserreich zu überlassen. Anschließend beauftragte der König seinen Festungsbaumeister, Seigneur de Vauban (1633 - 1707), eine neue Befestigung zu bauen, um die Überquerung des Rheins an dieser Stelle zu verhindern. Auffallend an der Stadt ist ihr Grundriss, denn die Festungsmauern bilden ein Achteck, in dessen Innern die Straßenzüge streng geometrisch in einem Schachbrettmuster angelegt sind.

Ein Spaziergang entlang der Stadtmauer kann sich von der porte de Belfort (Belforter Tor) (SO), wo sich das Musée Vauban befindet, bis zur porte Colmar (Colmarer Tor) (NO) erstrecken.

Information

Interkommunales Fremdenverkehrsbüro Rheinregion
Palais du Gouverneur - 6, place d'Armes - Tel.:0389725655
Fax: 0389729173 - E-Mail: oti.bords-du-rhin@estelfree.net
Musée Vauban *- 7, place de la Porte de Belfort - Tel.:03897256 - vom 1. April bis 31. Okt. täglich außer Die. von 10 - 12 Uhr und von 14 - 17 Uhr.*

40 Rouffach (Rufach)

Die Stadt ist um das Schloss Isenburg, einer Residenz merowingischer Könige, herum gebaut. Das heutige Bauwerk stammt aus dem 19. Jh., doch es besitzt noch sehr alte Kellerräume. Inmitten von Weinbergen über der Stadt thronend, beherbergt es heute ein Hotel mit Restaurant.

Die Kirche Notre-Dame ist eine der sehr stilvollen gotischen Kirchen des Elsass. Von dem früheren Bauwerk sind noch das Querschiff und zwei Apsiden in romanischem Baustil erhalten. Besonders beachtenswert ist die Fassade mit ihrer Rosette. Von den zwei Türmen ist einer unvollendet geblieben. Im Kircheninnern findet man das Kirchenschiff gänzlich in Licht getaucht. Ein Baldachin mit einer Jungfrau aus dem 15. Jh. erhebt sich praktisch bis zum Chorgewölbe hinauf. Am Choreingang markieren zwei Treppen aus dem 14. Jh. an zwei Stellen die nicht mehr vorhandene Empore.

Die gothische Kirche Notre Dame. Von den zwei Türmen ist einer unvollendet geblieben.

Fremdenverkehrsbüro
8, place de la République - Tel.: 0389785315 - Fax: 0389497530

Ansicht des Kirchturms und eines Teils der Stadt.

Das Chorgestühl stammt aus dem 18. Jh. Beachtenswert sind auch noch die Taufbecken aus dem ausgehenden 15. Jh., das Grab des "chevalier au merle" von Woelflin de Rouffach, Bildhauer aus dem 14. Jh., sowie links vom Hochaltar ein Tabernakel aus dem 15. Jh. In Rouffach erzählt man sich gern folgende Geschichte: die Frauen haben in der Kirche lange Zeit auf der rechten Seite gesessen, die traditionell den Männern vorbehalten war. Dies ging auf ein Ereignis im Mittelalter zurück: am Ostersonntag im Jahre 1106 ließ der Schlossherr ein junges Mädchen aus Rouffach entführen und in seine Gemächer bringen. Vergebens bat die verzweifelte Mutter die Männer des Ortes um Hilfe, Unterstützung fand sie schließlich bei den Frauen. Diese zogen dann bewaffnet auf das Schloss, schlugen alles nieder, was sich ihnen in den Weg stellte, und befreiten das Mädchen. Eine Frau aus Rouffach ist noch heute berühmt: die Ehefrau des Marschalls Lefebvre, deren Geburtshaus in der Nr. 1 der rue de la Poterne steht. Ein Ehrenmal zum Gedenken an ihren Ehemann, den Marschall Napoleons, wurde auf dem Place Clemenceau errichtet.

Auf der anderen Seite des place de l'église erhebt sich die halle aux Blés (Kornhaus) aus dem Jahre 1569 mit ihrer Doppeltreppe und dem Treppengiebel. Zusammen mit dem Ancien Hôtel de Ville (Altes Rathaus) und seinem Doppelgiebel bildet es einen Baukomplex im Stil der Renaissance, der von dem tour des Sorcières (Hexenturm), dem einzigen noch erhaltenen Turm der Stadtbefestigung aus dem 14. Jh. beherrscht wird. Dieses harmonische Ensemble macht den Platz zu einem der hinreißendsten Plätze im ganzen Elsass.

Rouffach besitzt auch noch zahlreiche Häuser aus dem 17. Jh., so insbesondere in der rue du 4e Spahis-Marocains die Häuser Nr. 11, 17, 23 und 65. Sehenswert ist auch die alte Synagoge aus dem 13. Jh., die im 15. Jh. restauriert wurde.

Rouffach, das seit dem 19. Jh. eine Weinbauschule (école de viticulture) besitzt, ist für seinen Grand Cru Vorbourg (ein Wein der Spitzenklasse) und seine Weinmesse im Juli bekannt.

Château d'Isenbourg (Gastronomie) *· tel: 03897885850 fax 0389785370*
Caveau de l'Haxakessel *7, Place de la République · tel. 0389497676*

41 Guebwiller (Gebweiler) Murbach

Wenn wir uns der Textilstadt Guebwiller nähern, so fallen auf der einen Seite die roten Sandsteinhänge des Lauchtals, auf der anderen die imposanten Industriegebäude ins Auge. Doch es ist die Abtei Murbach, der Guebwiller seinen Ursprung und seine Entwicklung verdankt. Die zwischen 1766 und 1785 gebaute Eglise Notre-

Die Kirche St Léger (Leodegarkirche) ist mit ihren lombardisch-rheinischen Verzierungen ein schönes Beispiel für den spätromanischen Baustil.

Information

Fremdenverkehrsbüro *- Hôtel de Ville · Tel.: 0389761063 · Fax:0389765272*
Museum des Blumentals *- 1, rue du 4 février - Tel.: 0389742289*
Ganzjährig geöffnet, täglich außer Dienstag von 14 bis 18 Uhr, Samstag und Sonntag von 10 bis 12 Uhr und von 14 bis 18 Uhr
Abteikirche Murbach *- Tel.:0389761063*
Gruppenführungen - Ganzjährig geöffnet von 8 bis 19 Uhr.

Guebwiller ist Industrie- und Weinstadt gleichermaßen. Hier die Fußgängerzone im malerischen Zentrum.

Dame (Liebfrauenkirche) ist typisch für die neo-klassizistischen Bauwerke des Elsass.
Im Innern der Kirche kann man ein bemerkenswertes Chorgestühl sowie das Hochrelief über dem Hochaltar mit der Himmelfahrt Mariä bewundern. In der Krypta befindet sich das Grab von Kasimir von Rathsamhausen, dem Fürstbischof von Murbach und Gründer der Kirche. Rechts und links der Kirche stehen einige Domstifte, die dereinst von den ab dem 18. Jh. in Guebwiller eingesetzten Domherren von Murbach bewohnt waren.
Ein anderer Baustil: die ehemalige Dominikanerkirche ist ein gotisches Bauwerk mit reichen Wandmalereien. Zurück zur Romanik und der Kirche Saint-Léger (Leodegarkirche), deren Portal für diesen Baustil typisch ist. In ihrem Innern kann man noch die Strick- und Holzleitern sehen, die von den Armagnaken bei ihrem vergeblichen Versuch, die Stadt in 1445 zu erstürmen, verwendet worden sind. Der Angriff wurde dank der Wachsamkeit und List von Brigitte Schick abgewehrt, die an der Stelle, wo die Stadt belagert wurde, ein Strohfeuer entfachte, und somit einen riesigen Gegenangriff vortäuschte. Wie in vielen anderen Städten des Elsass ist das Hôtel de

Ville (Rathaus) mit seinem Erker aus dem Jahre 1514 ein regelrechtes Juwel. Wenn man durch den Ort spaziert, begegnet man auch wunderschönen Häusern aus dem Mittelalter und der Renaissance (rue de la République, rue des Blés etc.).

Die Abteikirche von Murbach gehört zu einem der herrlichsten Denkmäler romanischer Baukunst im Elsass. Auch wenn nur noch der Chor und das Querhaus sowie die beiden Türme erhalten sind, wirkt dieses Bauwerk aus rotem und weißem Vogesensandstein doch durch die Harmonie seiner Proportionen. Beachtenswert sind auch der bemerkenswerte Relief- und Figurenschmuck an den Außenfassaden mit vielen Tiermotiven.

Murbach: die älteste Benediktinerabtei im Elsass erstrahlt noch immer inmitten eines hübsch gelegenen, engen Waldtals.

42 Thann (Tann)

Am Eingang zum Tal der Thur hat sich Ende des 13. Jhs. der Ort Thann entwickelt. In jener Epoche hatten die Grafen von Pfirt, Lehnsherrn der Region, eine Burg, die Engelsburg bauen lassen, die von Ludwig XIV. im Jahre 1673 zerstört wurde. Ein Rest des runden Bergfrieds, ein mächtiger ringförmiger Stein, schaut mit der Öffnung zur Stadt hin, was ihm den Namen "oeil de sorcière" (Hexenauge) eingebracht hat. An einer wichtigen Straße gelegen, die den Norden mit Italien und die Länder entlang des Rheins mit Flandern verbindet, wurde Thann ein wichtiger Wallfahrtsort zu den Reliquien von St. Theobald. Dies führte zum Bau eines Münsters (Collégiale St.Thiébaut) (1320 - 1516). Es besteht aus roten und gelben Vogesensandstein und gehört zu den schönsten gotischen Kirchen im Rheintal. Ein elsässisches Sprichwort sagt, der Turm des Straßburger Münsters sei zwar höher und der Freiburger (im Breisgau) dicker, der von Thann sei jedoch der schönste. Das mit drei

Thann - die gotische Kirche und der Hexenturm

***Fremdenverkehrsbüro der Region Thann** - 7, rue de la 1ère Armée*
Tel.:0389379620 - Fax: 0389370458
E-Mail: office-de-tourisme.thann@wanadoo.fr

Das reich verzierte Hauptportal des St. Theobaldsmünsters.

Bogenfeldern verzierte Portal zeigt 150 Szenen, in denen mehr als 500 Figuren zu sehen sind. Wenn man das Münster durch sein Nordportal verlässt, trifft man auf den wunderschönen gotischen St. Thiébaut - Brunnen (St. Theobalds-Brunnen), dessen Legende jedes Jahr am 30. Juni durch die "Crémation des Trois Sapins" (Verbrennung der Drei Tannen) wiederauflebt.
Am Tour des Sorcière (Hexenturm), beginnt die elsässische Weinstraße.

43 Grand Ballon (Großer Belchen)

Zum Grand Ballon (Großen Belchen oder Gebweiler oder Sulzer Belchen) steigt man in nur wenigen 100 m von einem Parkplatz aus zu Fuß auf. Vom höchsten Gipfel der Vogesen (1424 m) bietet sich ein fantastischer Rundblick - bei klarer Sicht sogar bis zu den Alpen. Um den Gipfelbereich gibt es Wanderrundwege für kleinere Spaziergänge (45 Minuten), aber auch längere Märsche von drei bis vier Stunden können von hier aus unternommen werden. Der Abstieg in Richtung Col Amic - nach dem Namen eines Feldherrn, der hier im 1. Weltkrieg getötet wurde - endet im Tal der Thur und am Rossberg. Hier in der Nähe liegt auch der Hartmannswillerkopf (Vieil-Armand), auf dem eines der Monuments Historiques (Historischen Baudenkmäler Frankreichs) steht. Am Col du Silberloch erinnert ein Denkmal an einen Kriegsschauplatz im 1. Weltkrieg.

Vom Großen Belchen, dem höchsten Gipfel der Vogesen, hat man einen Blick bis zum Schwarzwald und den Alpen. Der Name beruht auf dem eines keltischen Sonnengottes, Bel oder Belen. Vorn im Bild die Radarstation von Claude Vasconi.

44 Ballon d'Alsace (Elsässer Belchen)

Der 1274 m hohe Elsässer Belchen ist im Sommer wie Winter ein großer Anziehungspunkt für Touristen. Wanderer können leicht den Gipfel erklimmen, der seit 1860 mit einer Statue der Jungfrau Maria geschmückt ist. Von diesem Punkt aus hat man einen herrlichen Rundblick, der bei klarem Wetter bis zu den Alpen reicht. Zwei Kriegsdenkmäler sind hier oben zu finden: eine Statue der Jungfrau von Orléans, die 1909 errichtet wurde, als Elsass und Lothringen wieder zu Deutschland kamen, und ein Denkmal für die Minensucher zum Gedenken an jene, die beim Entfernen der Minen nach dem 2. Weltkrieg ums Leben gekommen sind.

Die Jungfrau Maria wacht in 1276 m Höhe auf dem Berggipfel des Elsässer Belchen. Im Hintergrund: die Alpen.

Romantische Vogesen

45 Mulhouse (Mülhausen)

Mulhouse (Mülhausen), nach Straßburg die zweitgrößte Stadt im Elsass, hat 110 000 Einwohner.
Der Ort verdankt seinen Namen einer Mühle, die - von mehreren Häusern umgeben - im Besitz der Straßburger Abtei von St. Etienne am Ufer der Ill an der Stelle stand, wo heute Mulhouse liegt. Die Stadt war zunächst Reichsstadt, trat dann der Dekapolis (Zehnstädtebund) bei, schloss im Jahre 1515 ein

Auf der place de la Réunion zieht das Hôtel de Ville (Rathaus) im rheinischen Renaissancestil mit seiner prächtigen Fassadenmalerei die Blicke auf sich.

Fremdenverkehrsbüro *- avenue Foch - Tel.:0389354848*
Fax: 0389456616 E-Mail: ot@ville-mulhouse.fr
Nationales Automuseum *- 192, avenue de Colmar - Tel.: 0389332323*
Französisches Eisenbahnmuseum
2, rue Alfred de Glehn - Tel.: 0389422567
Feuerwehrmuseum *- 2, rue Alfred de Glehn - Tel.: 0389422567*
Stoffdruckmuseum *- 14, rue Jean-Jacques Henner - Tel.: 0389468300*
Elektrizitätsmuseum
55, rue du Pâturage - Tel.: 0389324850 und 0389324858 (Reservierungen)
Kunstmuseum *- 4, place Guillaume Tell - Tel.:0389337811*
Historisches Museum *- 4, rue des Archives - Tel.: 0389454320*
Haus der Keramik
Internationales Kunstzentrum 25, rue Josué Hofer - Tel.:0389433255

Eine Stadt, in der Geschichte und Industrie miteinander verbunden sind.

Bündnis mit ihren Schweizer Nachbarn und wurde 1798 aufgrund der Entscheidung ihrer Bürger französisch. Drei Einwohner von Mulhouse: Dolfus, Koechlin und Schmaltzer gründeten Mitte des 18. Jhs. eine Stoffdruck-Manufaktur, in der die "Indiennes" (ursprünglich in Indien hergestellte bedruckte Stoffe) angefertigt wurden, die bis dahin aus der Schweiz importiert worden waren. Das war der Ausgangspunkt der Textilindustrie im Elsass.

Mulhouse ist heute eine große Industriestadt, wobei sich der place de l'Europe (Europaplatz) zu ihrem Zentrum entwickelt hat. An dessen Ostseite erhebt sich der 100 m hohe Tour de l'Europe, von dem aus man einen herrlichen Blick auf die Stadt und ihre Umgebung genießen kann. Den Mittelpunkt der Altstadt bildet der Place de la Réunion mit dem freskenverzierten Hôtel de Ville (Rathaus) aus dem ausgehenden 17. Jh. An der rechten Seite des Gebäudes hängt eine Kopie des sog. Klappersteins - eine Grimassen schneidende Schandmaske - die Mühlhausener Bürger, die mit üblen Nachreden Zwietracht gesät hatten, sich um den Hals hängen und damit, rückwärts auf einem Esel sitzend, durch die Stadt reiten mussten. Die Nordostseite der Place de la Réunion wird begrenzt von der im19. Jh. gebauten evangelischen Eglise St. Etienne (Stephanskirche), die wunderschöne Glasgemälde aus dem 14. Jh. und Chorgestühl aus dem 17. Jh. besitzt. Gegenüber das Maison Mieg, mit einem kleinen Renaissancetürmchen, stammt aus dem 15. Jh. Das Haus an der Ecke zur rue des Boulangers stammt aus dem 17. Jh. In der Grand'rue ist die Kapelle Saint-Jean aus dem 14. und 15. Jh. sehenswert, die mit Wandmalerei aus dem 16. Jh. über das Leben Johannes des Täufers und die Passion Christi geschmückt ist. Von seiner Stadtmauer ist Mulhouse nur der Tour du Bollwerk aus dem 14. Jh. unweit des Europaplatzes übriggeblieben.

Die Stadt besitzt unzählige Museen. Zu den wichtigsten gehören: das Musée de l'Impression sur Etoffes (Stoffdruckmuseum) in der Nähe des Bahnhofs, das die Geschichte und Entwicklung des Stoffdrucks nachzeichnet. Neben französischen Stoffen werden englische Stoffe, herrliche Wandbe-

Unbeugsam wacht dieser Hellebardier aus Stein auf einem Brunnen mitten in der Stadt.

An der Stelle einer Kirche, die bereits ihren Namen trug, wurde die Stephanskirche (Eglise St. Etienne) im 19. Jh. hier wieder vollständig aufgebaut. Von der alten Kirche sind umfangreiche Reste der Glasgemälde, die zu den schönsten im Elsass zählen, erhalten geblieben.

hänge des 18. Jhs. sowie bedruckte Taschentücher und handbemalte Stoffe aus aller Welt gezeigt. In einer stattlichen Villa aus dem 18. Jh. befindet sich das Musée des Beaux Arts (Kunstmuseum). Hier sind Gemälde verschiedener Meister, zahlreiche Werke von Jean-Jacques Henner, elsässischer Maler der zweiten Hälfte des 19. Jhs., sowie moderne Werke aus der Charles Oulmont-Stiftung zu sehen. Das Kernstück des Eisenbahnmuseums (Musée français du Chemin de Fer) im Nordbahnhof ist in einer großen, neu erbauten Halle untergebracht. Aus nächster Nähe kann man Dampf-, Diesel- und Elektroloks betrachten. Besonders interessant sind auch die historischen Schlaf-, Speise- und Salonwagen mit ihrer gediegen-ele-

Das aus der Sammlung der Gebrüder Schlumpf entstandene weltberühmte Automuseum wird in einer Umgebung präsentiert, die ihr Prestige noch erhöht.

Im Elektrizitätsmuseum "Electropolis" stehen einem die Haare zu Berge.

Im Eisenbahnmuseum, in dem 150 Jahre Eisenbahngeschichte gezeigt werden, kann man von Reisen in die weite Ferne träumen.

ganten, historischen Ausstattung. Der absolute Spitzenreiter ist jedoch das Musée National de l'Automobile (Nationales Automuseum) mit seinen 500 Oldtimern der Schlumpf-Sammlung, die auf 17 000 m² präsentiert werden. Das älteste Fahrzeug ist der "Phaeton" aus dem Jahre 1894, wenn man von dem Dampffahrzeug absieht, das 1878 von Jacquot gebaut wurde. Mit 120 Modellen besitzt das

Beschauliche Ansicht von Mulhouse. Im Hintergrund der Europaturm (Tour de l'Europe), in dessen oberstem Stockwerk sich ein sich drehendes Panoramarestaurant befindet.

Museum darüberhinaus die vollständigste Bugatti-Sammlung weltweit. Dreißig davon sind Unikate. Glanzstück ist der blau-schwarze Bugatti "Royale Coupé Napoléon" aus dem Jahre 1930. Zahlreiche Cabriolets, die alle das Lenkrad auf der rechten Seite haben, repräsentieren die Periode zwischen 1900 und 1940. Zu den spektakulärsten Wagen gehört zweifellos der Zweisitzer Rolls Royce "Silverghost" aus dem Jahre 1921.

Wer nach dem Besuch all dieser Museen Lust verspürt, einen Spaziergang im Freien zu unternehmen, dem kann der Parc Zoologique (Zoologischer Garten) empfohlen werden.

Le Petit Zinc
15, rue des Bons Enfants
Tel.: 0389463678
Winstub Henriette *- 9, rue Henriette - Tel.: 0389462783*
Aux Caves du Vieux Couvent *- 23, rue du Couvent - Tel.: 0389462879*
Restaurant de la Tour de l'Europe
3, boulevard de l'Europe - Tel.:0389451214
Auberge-Winstub du Veilleur *- 12, place Turenne - Tel.: 0389273222*

Die Filature des Architekten Vasconi ist zu einem kulturellen Treffpunkt in der Region geworden.

46 L'Ecomusée d'Alsace-Ungersheim

Ungefähr 15 km nördlich von Mulhouse liegt das Ecomusée d'Alsace (Freilichtmuseum), das man von dem Bahnhof Mulhouse aus mit dem Bus erreichen kann. Es ist das größte Freilichtmuseum Frankreichs, in dem ca. 70 traditionelle Fachwerkhäuser in ihrem Ursprungsort in der Oberrheinebene und im Sundgau demontiert und auf Initiative einer Vereinigung namens "Maisonnes paysannes d'Alsace" (Traditionelle Fachwerkhäuser des Elsass) hier wieder sorgfältig aufgebaut wurden. In einigen dieser Gebäude sind dörfliche Werkstätten eingerichtet, wo man den Handwerkern bei der Arbeit zusehen kann: Töpfer, Bäcker, Holzschuhschnitzer, Wagenbauer und Sattler. Ein besonderes Schmuckstück ist das nahe beim Eingang gelegene große "Eden-Palladium", ein noch laufendes Hallenkarusell der Belle Epoque (1901).

Das Ecomusée d'Alsace ist das größte Freilichtmuseum in Frankreich. Es soll demnächst noch erweitert werden.

Information

Ecomusée d'Alsace - *Tel.: 0389744454 - Fax: 0389481530*
Zufahrt Ausfahrt Ensisheim über die A35,
Ausfahrt Guebwiller auf der A 36, Ausfahrt Ecomusée auf der RN83

47 Sundgau (Südgau)

Altkirch

Altkirch liegt in wald- und seenreicher Landschaft auf einem Hügel über der Ill. An der brunnengeschmückten Place de la République steht das im 18. Jh. in klassizistischer Form nach Plänen von Kléber, einem späteren Feldherrn Napoleons, gebaute Hôtel de Ville (Rathaus). Rechts daneben ist in der alten Landvogtei, einem stattlichen Renaissancegebäude, das Sundgau-Museum (Musée Sundgauvien) eingerichtet. Auf zwei Stockwerken zeigt es elsässische Möbel und Werke von Jean-Jacques Henner (1829-1905), einem Künstler der Region. In der Mitte des Platzes steht ein mit der Jungfrauen-Statue geschmückter Brunnen gotischen Baustils. Auf dem ehemaligen Burggelände erhebt sich die heutige neoromanische Kirche, die ab dem 11. Jh. von den Vorfahren der Grafen von Pfirt gebaut worden ist. Beachtenswert in diesem kleinen Städtchen, das dereinst ein wichtiger Feudalherrensitz war, sind auch die Überreste der Stadtmauer. In einem Turm aus dem 14. Jh. befindet sich das Fremdenverkehrsbüro (Office du Tourisme).

Der Sundgau mit seiner beschaulichen Landschaft, den mit der typischen Malerei des Elsass verzierten Häusern, die man nirgendwo sonst finden kann, und seinen romantischen Ruinen, wird auch als "die elsässische Schweiz" bezeichnet.

Fremdenverkehrsbüro - Tour Bloch - Place X.Jourdain
Tel.: 0389400290 oder 0389402180 - Fax: 0389088690
Sundgau-Museum *- place de la République - Tel.: 0389400004*
Geöffnet im Juli-August täglich außer Montag von 14.30 bis 17.30 Uhr und von September bis Juni Sonntag von 14.30 bis 17.30 Uhr.
Fremdenverkehrsbüro Jura alsacien
Espace Mazarin - route de Lucelle in Ferrette - Tel.: 0389082388
Bauernmuseum *- 10, rue principale in Oltingue - Tel.: 0389407924 - Fax: 0389073098*
Geöffnet vom 15. Juni - 30. Sept.: Mo., Do. und Sa. 15 - 18 Uhr, So. 11 - 12 Uhr und von 15 - 18 Uhr. 1. Okt. - 31. Dez. und vom 1. März - 14. Juni So. von 14 - 17 Uhr.

Ferrette und Oltingue

Dieses hübsche mittelalterliche Städtchen war die Hauptstadt des elsässischen Gebiets der Habsburger. In dem aus dem 16. Jh. stammenden Hôtel de Ville (Rathaus), das eine kleine Glocke mit dem Habsburgischen Wappen und dem der Grafschaft ziert, befindet sich das örtliche Museum. Auf dem place des Comtes und seinem Brunnen lohnt es sich zu verweilen. Die Unterstadt ist mit vielen historischen Bürgerhäusern geschmückt. Zu den schönsten gehören auch die ehemalige Landvogtei und deren Innnenhof sowie die Fassaden der Fachwerkhäuser rund um den place Mazarin. Über dem Städtchen erhebt sich ein bewaldeter Hügel, der die Ruine des einstigen Grafenschlosses trägt. Nach Durchschreiten zweier Tore aus dem 16. Jh. gelangt man zunächst zum Unterschloss und zu den Resten des vierkantigen Turms. Vom Oberschloss sind nur noch ein Brunnen, die Fassade und ein Teil des Wachhauses übrig. Von der Aussichtsplattform bietet sich ein weiter Blick auf die Oberrheinebene, den Schwarzwald und den Elsässischen Jura.

Unbedingt besuchen sollte man auch das nahegelegene Bauernmuseum (Musée Paysan) von Oltingue, in denen es viele Gegenstände des täglichen Lebens aus dem Sundgau zu sehen gibt, insbesondere die "Kunscht": große Kachelöfen, um die man sich an warmen Winterabenden versammelt hat.

Restaurant Caveau du Tonneau d'Or *- 33, rue Gilardoni*
Tel.: 0389406979

Fromager (Käserei) Bernard Antony
17, rue de la Montagne - Vieux Ferrette
Tel.: 0389404222 (1 km nördlich von Ferrette über die D432) - Käsedégustation in seiner "Stub" an Wochenenden

Die Weinstraße

Von Marlenheim nach Thann führt die ungefähr 120 km lange Weinstraße (route des vins d'Alsace) größtenteils am Fuße der Vogesen entlang. Die Strecke ist entsprechend beschildert und durch eine stilisierte Traube sowie das typische langstielige Elsässer Weinglas gekennzeichnet. Es fällt einem schwer, nicht in jedem Ort - einer schöner als der andere - anzuhalten und einzukehren. Den Besuch einer Weinkellerei darf man allerdings auf keinen Fall versäumen. Der September und vor allem der Oktober - die Monate der Weinlese im Elsass - sind besonders dafür geeignet. Mehr als eine Million Hektoliter Wein werden hier im Jahr hergestellt, wovon ein Drittel exportiert wird.

Die Weine des Elsass tragen den Namen der Rebsorte. Vier davon haben die Bezeichnung Appellation d'Origine Contrôlée (AOC), was ihre Zugehörigkeit zu den großen Spitzenweinen Frankreichs zum Ausdruck bringt. Bei diesen edlen Rebsorten handelt es sich um den Riesling - der oft als der König der elsässischen Weine bezeichnet wird - , den Gewürztraminer - bekannt für sein großes Bukett und seinen herbfruchtigen Geschmack -, den Muscat und den Pinot Gris oder Tokay d'Alsace. Die anderen Traubensorten sind der Pinot Noir, ein Rosé burgundischer Herkunft, dessen Qualität sich von Jahr zu Jahr verbessert, der Pinot Blanc, auch Klevner oder Auxerrois genannt, der Sylvaner und der Chasselas. Der Edelzwicker, der oft in Weinstuben ausgeschenkt wird, ist ein Verschnitt aus den verschiedenen genannten Rebsorten, es muss allerdings eine edle Rebsorte mit vertreten sein, damit er diesen Namen verdient. Seit den amtlichen Erlassen aus den Jahren 1975 und 1992 gibt es auch noch eine Appellation "Grands Crus d'Alsace", derer sich 51 Weinberge in 47 Gemeinden rühmen dürfen. Wenn sie von edlen Rebsorten stammen, dürfen die Weine von diesen Hängen den Namen ihres Weinbergs tragen, gefolgt von der Appellation "Grand Cru" und dem Namen der Rebsorte. Diese Grands Crus (die zu den Spitzenweinen zählen) müssen Alkoholgehalte von mehr als 11% aufweisen. Eine Dégustation ist unerlässlich, bevor sie auf den

Kientzheim: Die Weinstraße (route des vins) - eine der berühmtesten Touristikrouten, an der man kulturelle Interessen mit Gaumenfreuden verbinden kann.

Markt kommen.

Nur die Trauben edler Rebsorten dürfen im Zustand der Überreife von Ende November bis Anfang Dezember für besondere Weine geerntet werden, deren Qualität mit der der Sauternes-Spitzenweine verglichen werden kann. Der Eiswein ist noch seltener, denn seine Trauben dürfen erst bei -7°C geerntet werden. Häufiger ist dagegen der Crément d'Alsace zu finden, ein ausgezeichneter Schaumwein, der nach dem Champagnerverfahren hergestellt wird, und in Frankreich unter den insgesamt verkauften Schaumweinen einen Marktanteil von 30 % besitzt.

Wer mehr über die Weine des Elsass erfahren möchte, sollte die Burg Kientzhein besuchen, wo die Confrérie Saint-Etienne (Stefansbruderschaft - Oberste Repräsentanz der Weinkultur in Frankreich) ein Weinmuseum eingerichtet hat. Im Norden des Elsass befindet sich der nördlichste Weinberg von ganz Frankreich. Dort kann man bei der Winzergenossenschaft Cleebourg, die die Produktion der umliegenden Gemeinden sammelt, Weine verkosten, die im wesentlichen aus edlen Rebsorten bestehen. Um Straßburg hat sich eine ausschließlich unterrheinisch verlaufende Weinstraße entwickelt, an der - unter der Bezeichnung "Couronne d'Or" (Goldkrone: eine Anspielung auf die Krone der merowingischen Könige) - 21 Gemeinden zusammengeschlossen sind, die eine besondere Kennzeichnung tragen.

76

33

Essen wie Gott in Frankreich

Wenn man durch die Weinberge marschiert ist, sich an den architektonischen Meisterwerken elsässischer Baumeister erfreut hat oder am Ende einer langen Wanderung durch die Berge der Vogesen angekommen ist, kommt früher oder später der Augenblick, wo man sich fragt: "Wo gehen wir essen?" Hier im Elsass, wo das Glück auch mit Gaumenfreuden verbunden ist, ist die Auswahl groß: vom mit mehreren Sternen ausgezeichneten Spitzenrestaurant über die intimen Weinstuben bis hin zu den rustikalen Bauerngehöften hoch oben in den Vogesen.

Oft von einer Generation zur anderen führen die großen Häuser eine Tradition weiter, deren Ruf weithin bekannt ist: am Gipfel des Firmaments der Gastronomie bemühen sich die Haeberlins in Illhausen, Emile Jung im Crocodile und Antoine Westermann im Buerehiesel in Straßburg immer wieder, neue Spezialitäten zu kreieren, die sie so berühmt gemacht haben. Wenn ein

Aufenthalt in deren Etablissements einen großen Eindruck hinterlässt, so kann dies genauso der Fall sein, wenn man die Schwelle einer dieser kleinen Weinstuben mit ausgefallenen Namen wie "Le Saint Sépulcre" (Hl. Grab), "Le Clou" (Der Nagel) oder "Le Coin des Pucelles" (Jungfernecke) überschreitet. Ursprünglich waren sie am Unterrhein nur als Verkaufsstellen für die Produktion eines Weinbauern gedacht, doch inzwischen sind sie längst im ganzen Elsass ein großer Erfolg. Am Oberrhein heißen sie Winstube und man findet sie eher tief unten in den Weinkellereien. Doch ob im Erdgeschoss oder im Keller, der

Esprit ist der gleiche: man kommt hierher, um elsässischen Wein zu trinken, begleitet von diesen vielfältigen kleinen Gerichten mit Schweinefleisch, die da heißen: Waedele, Presskopf, Schiffele oder Schiffala, Gfillter Söymawe oder Schwinemawe..... Vielleicht mag man aber auch lieber die Wurst mit derart provozierenden Namen wie „Männerstolz“ oder "Verstecklter", wenn es sich um Salami handelt, die sich unter einem Käsesalat "versteckt" hat. Doch das Angebot macht nicht beim Schweinefleisch halt, denn die Winstube ist auch das Königreich des Zwiebelkuchens, des bibeleskäs (eine Art Kräuterquark) und der Schnecken. Die Gastfreundschaft ist sprichwörtlich: hier teilt man ohne wenn und aber den Tisch mit dem Nachbarn, ohne dass es großer Zeremonien bedarf. Allein der Stammtisch - meist in der Nähe der Theke - bleibt unter sich. Die zurückhaltende Atmosphäre zu Beginn des Abends wird zunehmend ausgelassener, wenn man einen Weinkrug nach dem anderen geleert hat.

Die Freundes des Biers finden sich bei den großen Brauereien ein. Zu diesem Getränk genießt man gerne solide Sauerkrautgerichte. Sie kommen am häufigsten als "Choucroute garnie à l'Alsacienne" auf den Tisch und bestehen neben dem Sauerkraut noch aus Speck, Würstchen und Fleisch. Guy-Pierre Baumann, der Elsässer, der neben seinen Restaurants in Paris auch "La Maison Kammerzell" und das "L'Alsace à Table" in Straßburg übernommen hat, war der erste, der den Geschmack des Sauerkrauts sogar mit Lachs oder anderen Arten von Süßwasserfischen kombinierte!

Viele elsässische Gerichte sind auch aus einer Familientradition heraus entstanden. So beispielsweise der baeckeoffe (Bäckerofen): traditionsgemäß gab die Hausfrau am Sonntagabend die Fleischreste vom sonntäglichen Mittagsmahl in eine Keramikform, verfeinerte das Gericht mit

Gewürzen und elsässischem Wein und brachte es am nächsten Morgen dem Bäcker, der es in der nun mit Brotteig verschlossenen Terrine im Backofen garte. So

konnten sich die Hausfrauen am Montag, dem traditionellen Waschtag, um die schmutzige Wäsche kümmern. Ein weiterer Familienbrauch ist der flammekueche (Flammkuchen): ein dünn ausgewalzter Brotteig, der mit Crème fraîche oder Quark, Zwiebeln und Speck garniert, über offenem Feuer und großer Hitze gebacken wird. Dazu wurde früher nach dem eigentlichen Brotbacken der Rest des Brotteigs verwendet, der im noch warmen Ofen zubereitet wurde. Der Flammkuchen ist eine gesellige Angelegenheit, da er, auf großen Holzbrettern serviert, unter den Tischgenossen aufgeteilt wird. Während diese Gerichte im ganzen Elsass verbreitetet sind, gibt es noch andere, bei denen es sich um regionalere Spezialitäten handelt. Am Rhein entlang beispielsweise wird ein Fischgericht bestehend aus Zander, Hecht und Aal (matelote de poissons) sehr gerne gegessen. In heißem Öl gebackener Karpfen (carpe frite) ist eine Spezialität im Sundgau. Nach ihm wurde sogar eine der Touristikrouten benannt, an der diese Speise allenthalben serviert wird.

Einige Restaurants haben sich auch auf die Zubereitung der saftigen Dampfnüdle spezialisiert.

An der route des crêtes (Vogesenkammstraße) darf man sich eine herzhafte Mahlzeit auf einem der Bauerngehöfte auf keinen Fall entgehen lassen.

Die Hersteller des berühmten Münsterkäse sind sehr gastfreundlich und bieten manchmal sogar Unterkunft in einfachen Verhältnissen und in rundum herrlicher

Natur an. Quiches mit Münster, Kartoffeln mit Speck, mit Kirschwasser verfeinerter Quark gehören zu den Appetitanregern, die nirgendwo besser schmecken als im Vogesengebirge nach einer langen Wanderung.

Die wohl feinste und bekannteste Spezialität bleibt allerdings die foie gras d'oie oder de canard (Gänse-

oder Entenleberpastete), die bei keinem Fest fehlen darf. Bei dieser Gelegenheit sei die Geschichte der Erfindung dieser Pastete, wie sie erstmals am Tisch des Maréchal de Contades von dem Koch Jean-Pierre Clause serviert wurde, erzählt. Dieser hatte die Idee, den bis dahin üblichen, mit ganzen Gänselebern farcierten Pastetenteig durch eine Füllung aus Kalbfleisch und Speck zu verfeinern. Der Erfolg war so groß, dass die Pastete sogar bei Ludwig XVI. in Versailles auf den Tisch gelangte. Später hatte ein anderer, Nicolas François Doyen, der aus dem Périgord nach Straßburg gekom-

men war, um hier sein Glück zu machen, die Idee, das Rezept mit Trüffeln zu verfeinern. Interessant ist in diesem Zusammenhang auch noch, dass diese Pastete, die heute als Vorspeise gereicht wird und den Gaumen auf weitere Tafelfreuden vorbereiten soll, dereinst sogar erst nach dem Essen genossen wurde. Wenn man die Reichhaltigkeit der Menüs vergangener Jahrhunderte berücksichtigt, so kann man unsere Vorfahren zu ihrer Gesundheit nur beglückwünschen!

Veranstaltungen

Januar
Europäische Kunst- und Antiquitätenmesse in Straßburg

Februar
ST'ART - Ausstellung zeitgenössischer Kunst in Straßburg

März
Karneval in mehreren Städten, darunter auch in Straßburg (Tel.:0388774966)
Passionsspiele in Maseveaux (Tel.: 0389824266)

April
Schneckenrennen in Osenbach (Tel.: 0389470026)
Vinogast in Ammerschwihr (Tel.: 0389782372)
Eurobière in Straßburg (ungerade Jahre) (Tel.: 0388372121)

Mai
Maiglöckchenfest in Neuf-Brisach (Tel.: 0389725666)
Spargelfest in Hoerdt (Tel.: 0388682010)
Buchmesse in Saint-Louis (Tel.: 0389695200)
Elsässische Postkartenmesse in Pfaffenhofen (Tel.: 0388255967)
Waldmeisterfest in Dambach-La-Ville (Tel.: 0388857399)
Fest des Hl. Urban in Kientzheim (Tel.: 0388820930)

Juni
Prozession in Geipoldsheim (Tel.: 0388902972)
Kougelhopf-Fest in Ribeauvillé (Tel.: 0388732000)
Folkorefestival in Hunspach (Tel.: 0388805939)
Rosenfest in Saverne (Tel.: 0388918047)
Fest der Verbrennung der 3 Tannen in Thann (Tel.: 0389379620)
Internationales Musikfestival in Straßburg (Tel.: 0388154406)
Mineralienbörse in Sainte-Marie-aux-mines (Tel.:0389588050)

Juli
Internationales Musikfestival in Colmar (Tel.: 0389206897)
Große Automobilparade in Mulhouse (Tel.: 0389424773)
Hexenfest in Rouffach (Tel.:0389785315)
Weinfest in Barr (Tel.: 0388585900)
Fête de l'Ami Fritz in Hunawihr (Tel.: 0389736042)
Streisselhochzeit in Seebach (Tel.: 0388947406)

August
Weinfest in Colmar (Tel.: 0390505050)

Gewürztraminer-Fest in Bergheim (Tel.: 0389736301)
Storchenfest in Eguisheim (Tel.: 0389235111)
Hochzeit von l'Ami Fritz in Marlenheim (Tel.: 0388592955)
Blumen-Corso in Sélestat (Tel.:0388588723)
"S'Wielada" in Zellenberg (Tel.: 0389479015
Heidelbeerfest in Wildenstein (Tel.: 0389821390)
Hopfenfest in Haguenau (Tel.: 03887330141)
Mondfest in Kogenheim (Tel.: 0388747010)

September
Europäische Messe Straßburg (Tel.: 0388372121)
Musica in Straßburg (Tel.: 0388234723)
Pfeifertag in Ribeauvillé (Tel.: 0389736222)
Internationales Bugatti-Festival in Molsheim (Tel.: 0388381161)
Fest des neuen Weins in Saint-Hippolyte (Tel.: 0389730013)

Oktober
Weinlese in Barr (Tel.: 0388086655)
Weinlese in Obernai (Tel.: 0388956413)
Kuchenfest in Munster (Tel.: 0389772688)
Kürbisfest in Logelheim (Tel.: 0389220238)

Fest des Neuen Weins in Eguisheim (Tel.: 03897256566)

November
Fest des Rehs in Ranspach-Le-Bas (Tel.: 0389684035)
Beginn der Weihnachtsmärkte in Straßburg, Colmar und Andlau

Dezember
Das ganze Elsass feiert Weihnachten - zahlreiche Weihnachts- oder Christkindlmärkte in Straßburg, Kaysersberg, Bouxwiller, Rosheim ......Sonderprospekte in allen Fremdenverkehrsbüros und Bürgermeisterämtern.

Legende zur Karte Elsass Übersicht

- 10 Kapitelnummer
- Kirche/Kapelle, Schloss/Burg
- A4 Autobahn/autobahnähnlich
- N62 Hauptverkehrsstraße
- sonstige Straße
- Bahn
- Grenze

VISITEZ RIQUEWIHR

et son vignoble

EN PETIT TRAIN

TOURISTIQUE

Belfort - Eguisheim - Nancy
Ribeauvillé - Riquewihr

BELFORT

45 mn environ

1er mai - fin septembre (10h-18h)
Départ Place d'Armes (Mairie)
Circuit dans la vieille ville et visite de la citadelle de Belfort

Français, Allemand, Anglais et Hollandais

EGUISHEIM

40 mn environ

Mai, juin, octobre : Week-end, jours fériés et sur réservation
Juillet, août, septembre : tous les jours (10h-18h)
Vieille ville et vignoble
Départ parking bus et office du tourisme

Français, Allemand

NANCY

45 mn environ

1er mai - fin septembre (10h-18h)
Départ Porte d'Héré (près place Stanislas)
Circuit retraçant l'histoire de la ville à travers son patrimoine

Français, Allemand, Anglais, Italien, Espagnol et Hollandais

RIBEAUVILLÉ

45 mn environ

1er Mai à fin Septembre (10h-18h)
Avril et Octobre (week-end et réservation)
Nocturne juillet-août (selon affichage)
Départ parking bus et Mairie

Français, Allemand, Anglais, Italien, Espagnol, Hollandais et Danois

RIQUEWIHR

45 mn environ

Pâques à fin octobre (10h-19h)
Départ Mairie
Nocturne juillet-août (selon affichage)
Circuit vieille vigne et vignoble

Français, Allemand, Anglais, Italien, Espagnol, Hollandais et Danois

BELFORT

Le petit train vous permet de faire une visite de la ville et de la Citadelle de Belfort. De la Place d'Armes au Musée, vous découvrirez son histoire et admirerez son magnifique panorama du haut de la citadelle.

Circule tous les jours du 1er mai à fin septembre.
Hors saison sur réservation. Horaires de 10h à 18h.
Durée 45 mn. Circuit : ville et château.
Départ Place d'Armes (Mairie).

EGUISHEIM

La cité médiévale d'Eguisheim
Le petit train d'Eguisheim vous propose une visite complète du centre historique, ses rues pittoresques et ses maisons anciennes, ainsi que son vignoble de grands crus situé au pied des Trois Châteaux.
Cette visite permet de découvrir sans efforts cette ville médiévale au charme irrésistible, aux rues sinueuses mais parfois escarpées…
Tous les trajets sont agrémentés de commentaires précis, faciles et agréables à suivre… le tout, bien sûr, en trois langues : francais, allemand et anglais.

Circuit visite de la Vieille Ville et du vignoble des grands crus d'Eguisheim
(durée 40 minutes)

Circuit "Spécial groupes" (sur réservation)
Visite de la Vieille Ville et du vignoble des grands crus avec visite d'une cave viticole et dégustation. (durée 1 h 30)
Circule tous les jours en juillet, août septembre.
En mai, juin et octobre, circule les weekends, jours fériés et sur réservation.
Horaires : de 10h a 18h.

Départ Mairie et devant l'Office de Tourisme

NANCY

Capitale des Ducs de Lorraine
Le circuit qui vous est proposé en petit train retrace l'histoire de la ville qui, à travers les siècles, a su conserver un patrimoine architectural remarquable. Laissez-vous surprendre par la richesse des monuments jalonnant votre parcours en Ville-Veille : Porte de la Craffe 14e s), hôtels particuliers du 16e et du 18e s. Laissez-vous séduire par l'ensemble architectural du 18e s., inscrit sur la liste du Patrimoine Mondial par l'UNESCO et comprenant la célèbre place Stanislas.

Circule tous les jours du ler mai à fin septembre.

Hors-saison sur réservation

Horaires : de 10h a 18h.

**Départ Porte d'Héré, place de la Carrière
(près de la place Stanislas)**

RIBEAUVILLÉ

La cité des Ménétriers
Le petit train de Ribeauvillé vous propose une visite complète du centre historique. Ses rues pittoresques et ses maisons à colombages et ses perspectives originales…
Cette visite permet de découvrir sans effort cette ville médiévale au charme irrésistible, aux rues sinueuses mais parfois escarpées… vue panoramique sur les trois châteaux de Ribeauvillé.
Tous les trajets sont agrémentés de commentaires précis, faciles et agréables à suivre le tout, bien sûr, en trois langues : français, allemand et anglais.

Circuit "Vieille Ville" (durée 45 minutes) nocturne en juillet et août (selon affichage)

Circuits "Spécial groupes"
1- Visite de la Vieille Ville et du village de Hunawihr par le vignoble (durée 50 minutes)
2- Visite de la Vieille Ville avec cave viticole et dégustation (durée 1 h 30)

Circule tous les jours du 1er mai à din septembre hors-saison sur réservation.
Horaires de l0h à 18h
Départ à l'entrée de la ville, et devant la Mairie.

RIQUEWIHR

La cité médiévale de Riquewihr
Le petit train de Riquewihr vous propose une visite du centre historique, ses rues pittoresques et ses maisons anciennes, ainsi que son vignoble de grands crus situé autour de la Vielle Ville.
Cette visite permet de découvrir sans effort cette ville médiévale au charme irrésistible, ainsi que le vignoble environnant.
Tous les trajets sont agrémentés de commentaires précis faciles et agréables à suivre. Le tout bien sûr, en trois langues : français, allemand et anglais.

Circuit autour des remparts et dans le vignoble. Retour par la vieille ville. Arrêt photo.
(durée 30 minutes environ)

Circule tous les jours de Pâques au 11 novembre ou sur réservation. Horaires : de 10h à 19h.

Départ à l'Hôtel de Ville.

Renseignements et réservations:

SARL SAAT - 4, rue St-Morand - 68150 RIBEAUVILLÉ
Tél. 03 89 73 74 24 / 03 89 73 77 60 - Fax 03 89 73 32 94
Email: p.train@calixo.net / www.petit-train.com

Conditions générales : Le petit train se réserve le droit d'annuler ou de modifier certains circuits sans préavis si le confort, la sécurité ou les conditions climatiques l'exigent. Le petit train ne serait être tenu pour responsable de tout objet laissé ou oublié à bord, de même du non-respect des règles de sécurité. Le petit train ne circulera pas avec un effectif de moins de 10 personnes.

charakteristischen Geschmack. Er ist vollmundig und kräftig mit einem sehr komplexen Aroma.

3

Der **Riesling**, trocken, rassig elegant und herrlich fruchtig, besitzt ein schönes Bukett, das bisweilen auch recht blumig ausfällt. Er ist eine der besten weißen Rebsorten auf der ganzen Welt, der ausgezeichnet zu einer hervorragenden Küche passt.

4

Der kräftige **Gewürztraminer** ist wahrscheinlich einer der berühmtesten Weine des Elsass. Sein intensives Bukett entwickelt ein reichhaltig blumig-fruchtiges bis würziges Aroma. Manchmal ist er sogar leicht schaumig.

5

Der **Sylvaner** ist bemerkenswert frisch und leicht mit diskretem fruchtigem Geschmack. Er ist sehr angenehm zu trinken.

Die Weinstraße

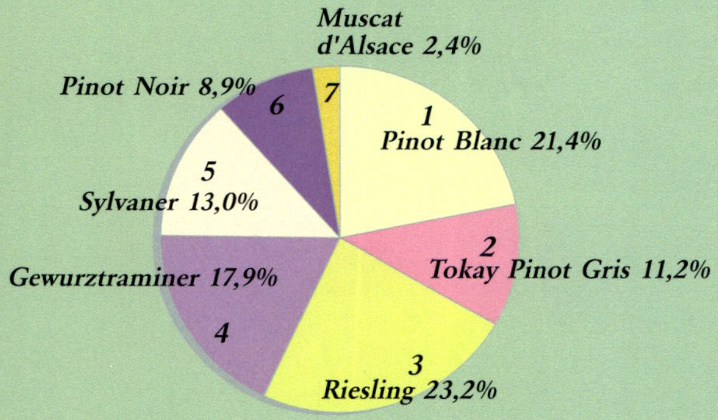

Der **Pinot Blanc**, herb und blumig, besticht durch seine Frische und Vollmundigkeit. Er ist auf der Skala der elsässischen Weine etwa in der Mitte anzusiedeln.

Der **Pinot Gris** (auch Tokay d'Alsace genannt und in Deutschland als Ruländer bekannt) besitzt einen sehr

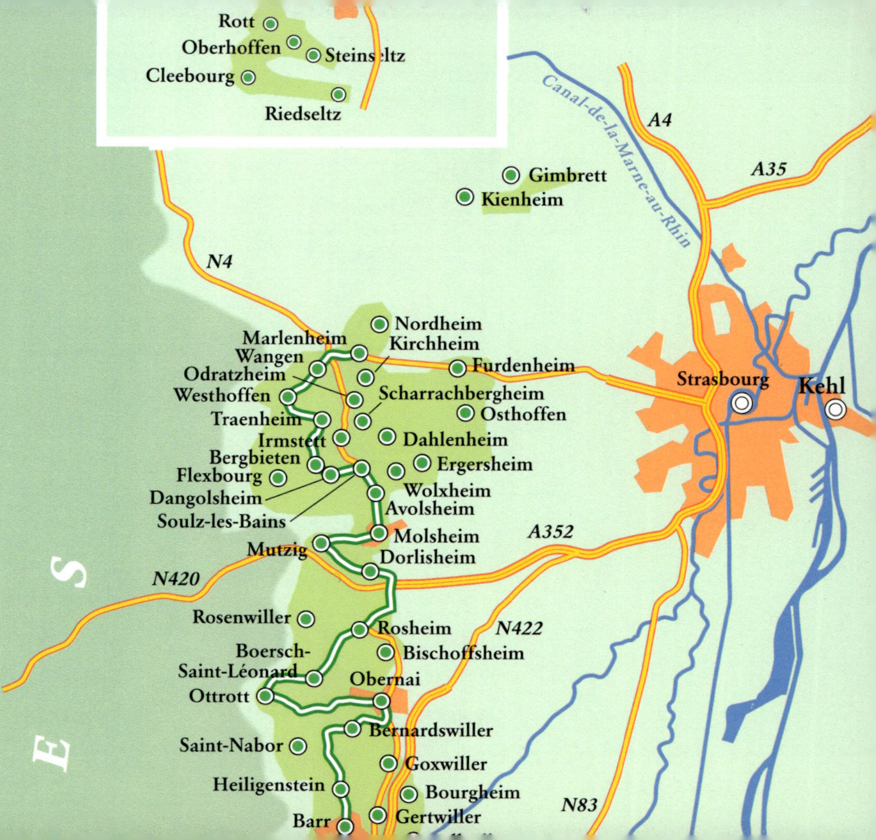